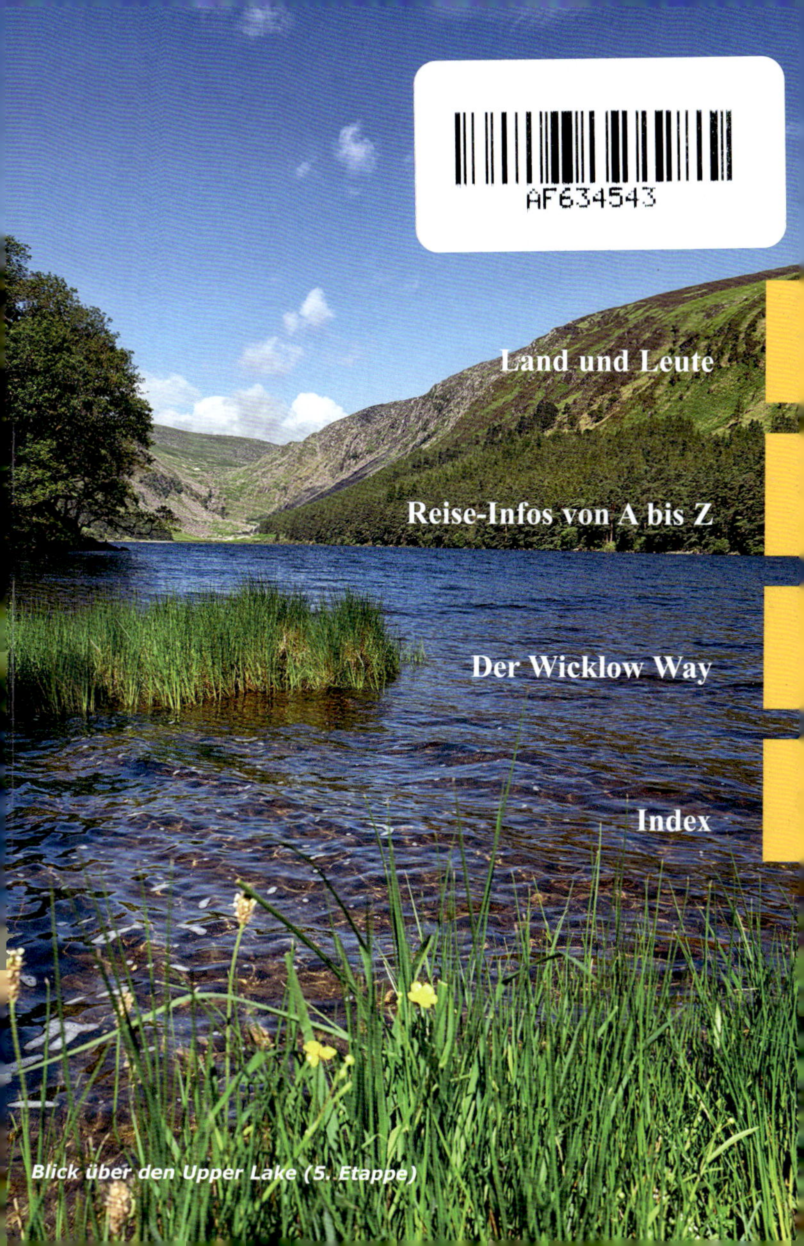

Land und Leute

Reise-Infos von A bis Z

Der Wicklow Way

Index

Blick über den Upper Lake (5. Etappe)

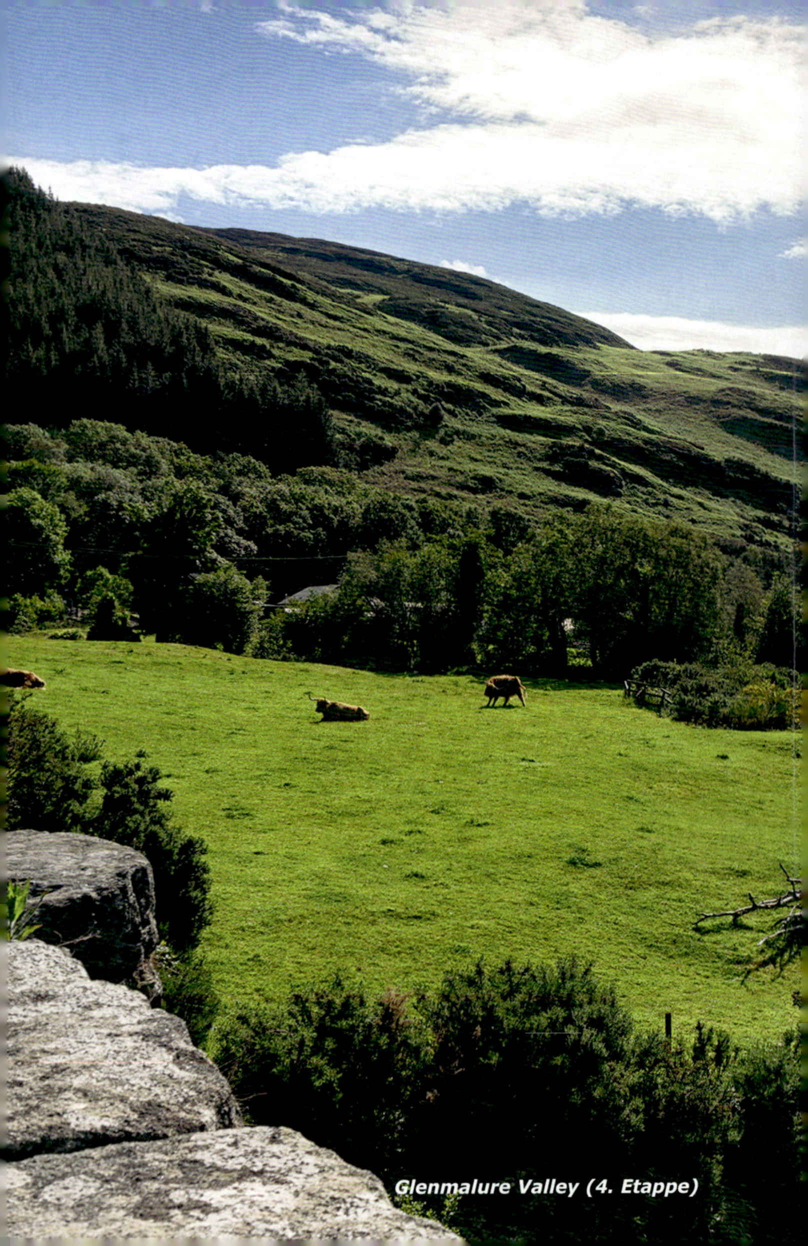

Glenmalure Valley (4. Etappe)

Band 440

OutdoorHandbuch

Karl-Georg Müller

Irland: Wicklow Way

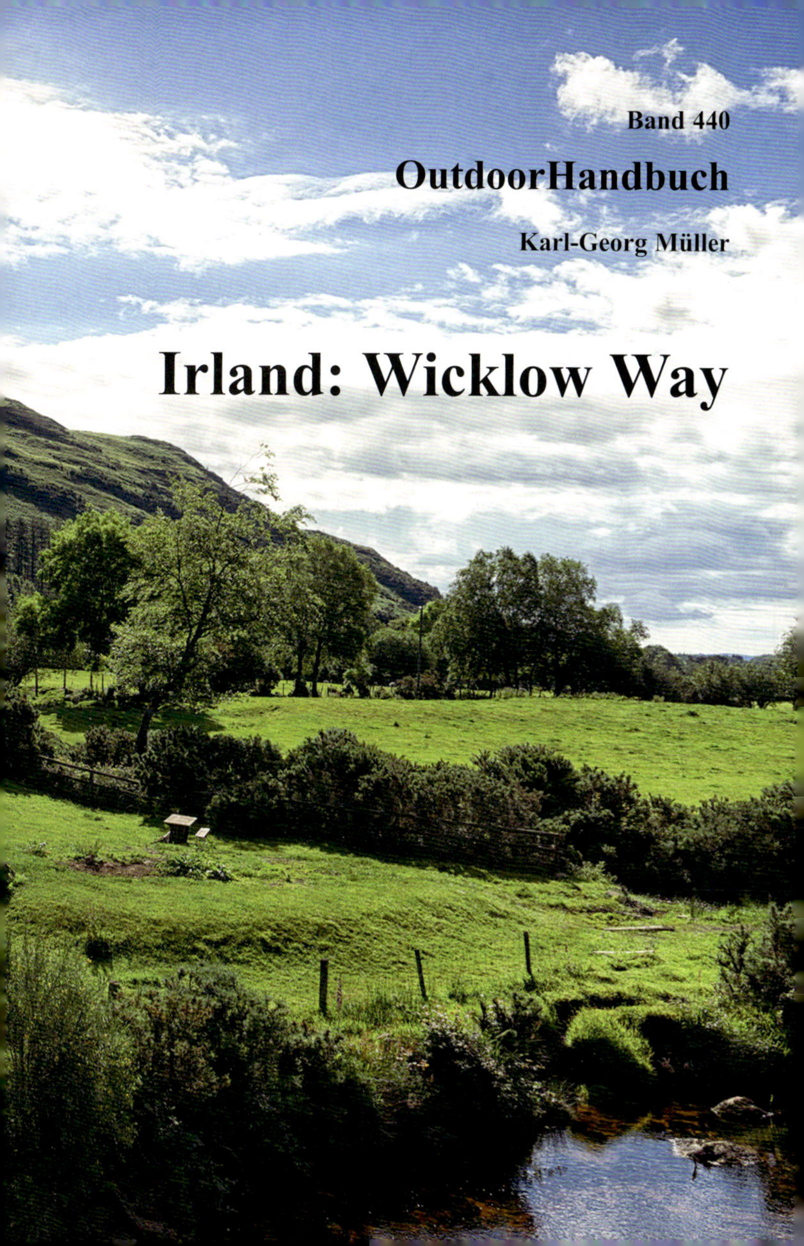

Irland: Wicklow Way

Alle Informationen, schriftlich und zeichnerisch, wurden nach bestem Wissen zusammengestellt und überprüft. Sie waren korrekt zum Zeitpunkt der Recherche. Eine Garantie für den Inhalt, z. B. die immerwährende Richtigkeit von Preisen, Adressen, Telefon- und Faxnummern sowie Internetadressen, Zeit- und sonstigen Angaben, kann naturgemäß von Verlag und Autor – auch im Sinne der Produkthaftung – nicht übernommen werden.

Der Autor und der Verlag sind für Lesertipps und Verbesserungen (besonders per E-Mail) unter Angabe der Auflagen- und Seitennummer dankbar.

Dieses OutdoorHandbuch hat 160 Seiten mit 56 farbigen Abbildungen sowie 10 farbigen Kartenskizzen im Maßstab 1:80.000, 8 farbigen Höhenprofilen und einer farbigen, ausklappbaren Übersichtskarte. Es wurde auf chlorfrei gebleichtem, FSC®-zertifiziertem Papier gedruckt, in Deutschland klimaneutral hergestellt und transportiert und wegen der größeren Strapazierfähigkeit mit PUR-Kleber gebunden.

FSC
www.fsc.org
MIX
Papier aus verantwortungsvollen Quellen
FSC® C009051

Klimaneutral
Druckprodukt
ClimatePartner.com/10951-2003-1001

Dieses Buch ist im Buchhandel und in Outdoor-Läden erhältlich und kann im Internet oder direkt beim Verlag bestellt werden.

OutdoorHandbuch aus der Reihe „Der Weg ist das Ziel“, Band 440

ISBN 978-3-86686-607-2 1. Auflage 2020

Text: Karl-Georg Müller
Fotos: Karl-Georg Müller und Dominik Müller
Lektorat: Anna-Lena Ebner
Karten und Layout: Manuela Dastig

Gesamtherstellung: gutenberg beuys feindruckerei

Dieses OutdoorHandbuch wurde konzipiert und redaktionell erstellt vom:

Conrad Stein Verlag GmbH,
Kiefernstr. 6, 59514 Welver,
☏ 023 84/96 39 12, FAX 023 84/96 39 13,
info@conrad-stein-verlag.de,
www.conrad-stein-verlag.de

Besuchen Sie uns bei Facebook & Instagram:

www.facebook.com/outdoorverlag

www.instagram.com/outdoorverlag

Titelfoto: Blick zum Lugnaquilla (5. Etappe)

Inhalt

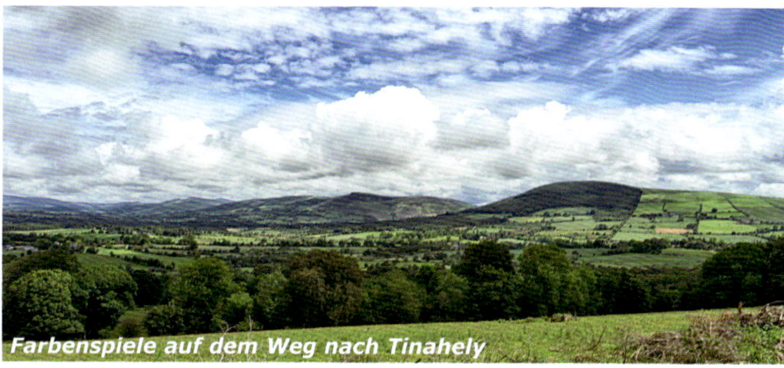

Farbenspiele auf dem Weg nach Tinahely

Vorwort

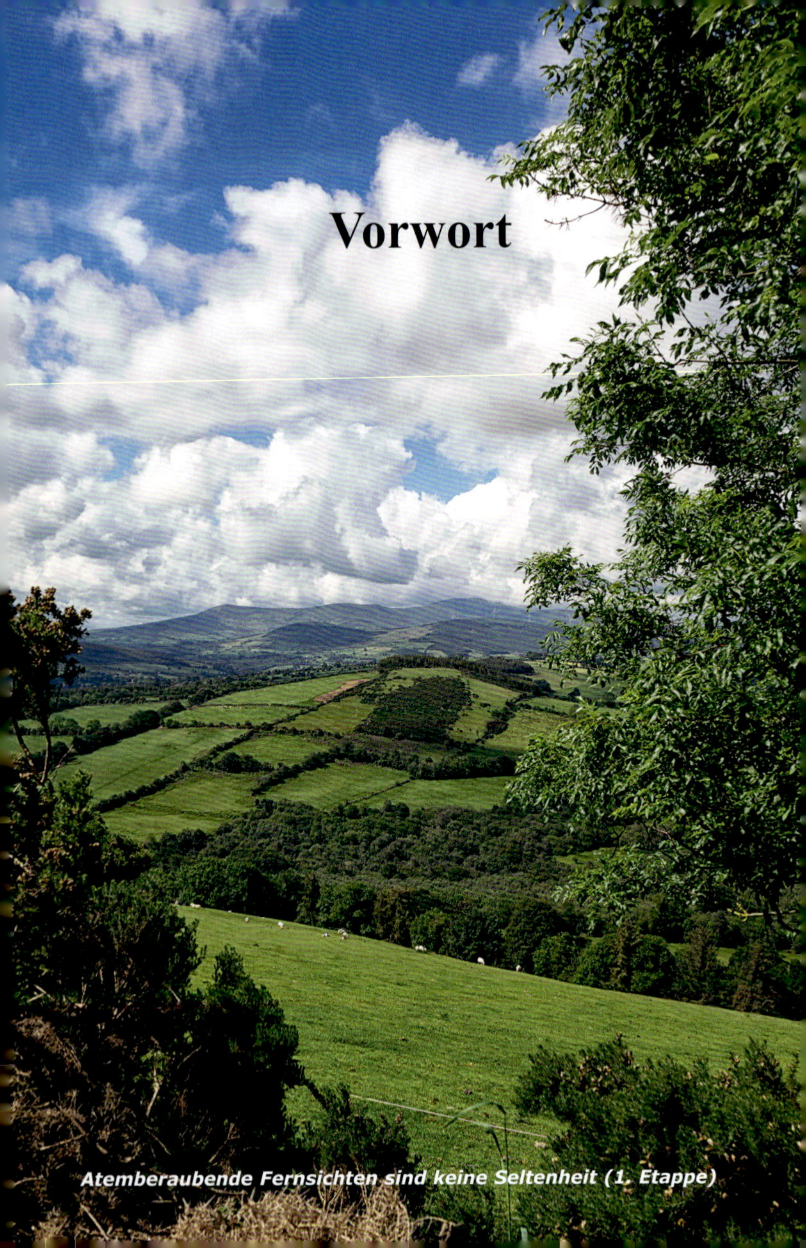

Atemberaubende Fernsichten sind keine Seltenheit (1. Etappe)

Warum wandern auf dem Wicklow Way? Warum nicht in den sonnigeren Süden reisen, damit Ihnen dort bei leichtem Gepäck und leichter Bekleidung der laue Wind um die Nase weht und Sie nach dem Tagwerk die Beine im pudelwarmen Wasser am Pool oder im Meer baumeln lassen können? Warum den Iren dabei zuschauen, wie sie im Neoprenanzug ins für weichgespülte Mitteleuropäer eiskalte Wasser springen – und dazu noch jauchzen?!

Warum den Nieselregen ertragen, der durchs Haupthaar fegt, während Sie mit den bis eben blitzeblanken Wanderschuhen durch den Morast stapfen und die die Nässe aufsaugen wie unsereins die spärlichen Sonnenstrahlen, die sich an einem stinknormalen irischen Wandertag durch die Wolken trauen?

Weil ich mir nichts Schöneres vorstellen kann!

Der Wicklow Way ist 129 km lang und führt Sie vom kleinen Dorf Clonegall in der Grafschaft Carlow bis nach Dublin in den Marlay Park. Die Landschaft wechselt dabei vom sanften Hügelland mit seinen vielen Wiesen und Weiden in die bergigen Regionen der Wicklow Mountains. Grandiose Fernsichten erfreuen das Wandererherz ebenso wie die beschaulichen Täler. Viele Orte bergen eine lange Geschichte, wie Glendalough, die mittelalterliche Klosteranlage. In den Bergseen wie Lough Tay und Lough Dan spiegeln sich Wolken, von denen die Berge oft ummantelt werden. Und manchmal sprühen die Wolken Ihnen Regen ins Gesicht und der Wind pfeift Ihnen um die Ohren, derweil Sie Berge wie den White Hill oder den Two Rock Mountain erklimmen.

Wir haben den Fernwanderweg auf unserer Wanderung und in diesem Buch in 8 Etappen aufgeteilt, von denen die vorletzte Etappe einiges an Fußarbeit verlangt. Die übrigen Etappen sind aber moderat und besonders gefiel uns, dass die Landschaft von Clonegall aus erst gemächlich an Höhe gewinnt. Genau richtig, um die Wanderschuhe an die doch lange Wandertour zu gewöhnen.

Wir – das ist unser kleines Wanderteam bestehend aus meinem Sohn Dominik, seiner Freundin Lisa und mir. Das Wanderteam fügte sich wie von selbst zusammen, nachdem mein ältester Sohn Patrick für die komplette Wandertour absagen musste. Lisa sagte sofort zu und so begaben wir uns im Juni 2019 gemeinsam auf die Zwei-Generationen-Wanderreise nach

Irland. Für die beiden war es die erste lange Streckenwanderung, für die sie daheim mit etlichen längeren Wanderungen probten. Meine Wanderschuhe führten mich einmal über den Rothaarsteig, davon abgesehen war ich in der Vergangenheit eher der Schlenderer für eine, dann aber durchaus lange Tagestour. Für uns war es also mehr oder weniger Neuland, auf das wir uns einließen. Was andere Wandernovizen ermuntern sollte, sich ein solches kleines Abenteuer gleichfalls zuzutrauen: Es klappte alles gut, wenn auch die Füße dann und wann nach einer Pause verlangten. Aber das gehört dazu.

Insgesamt und überhaupt war es für uns alle drei ein solch tolles Wandererlebnis, dass wir für 2020 eine Wanderreise nach Madeira planen. Mehr-Generationen-Wandern geht also – machen Sie es nach! Und am besten doch auf dem Wicklow Way. Die Strapazen sind überschaubar, das Erlebnis aber ist grenzenlos. Worauf warten Sie? Die Landschaft wird nicht noch schöner und freundlich sind die Iren seit eh und je. Also gucken, welche Strecken Sie erleben möchten, und alles festzurren.

Wo alles beginnt – Der Startpunkt am Wicklow Way

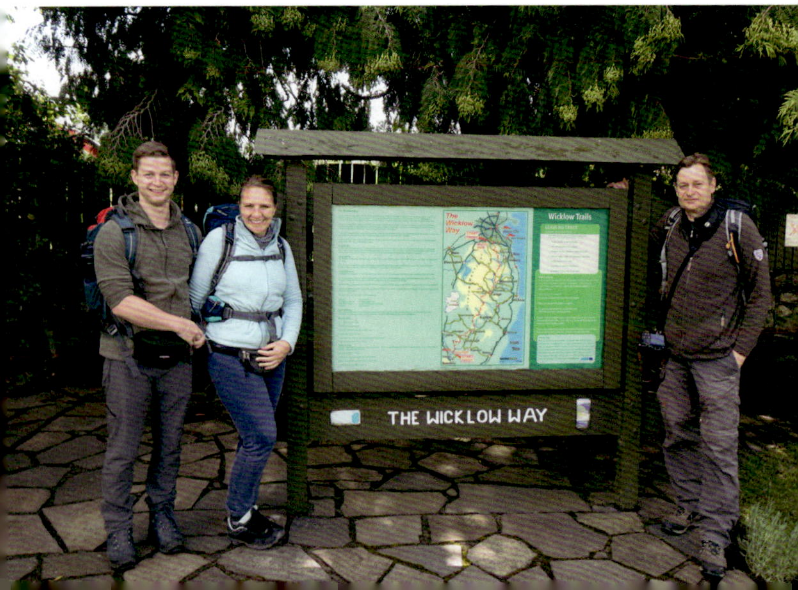

Irland mit seinem Grün und seinem Wind, seinen Schafen und seinen Tälern und Bergen, mit seinen einnehmenden und zuvorkommenden Menschen und seiner besonderen Atmosphäre erwarten Sie. Nehmen Sie die stille Einladung an. Sie werden es nicht bereuen.

Aber denken Sie an die Regenjacke. Der Sonnenschein grad eben täuscht ...

In diesem Sinne wünsche ich Ihnen abwechslungsreiche Tage auf dem Wicklow Way!

Karl-Georg Müller

Danksagungen

Ich danke ganz besonders Lisa und meinem Sohn Dominik, meinen Mitwanderern im Wanderteam, und meinem ältesten Sohn Patrick, der unser Team in Dublin vervollständigte. Es war mir eine sehr große Freude, mit Lisa und Dominik den vollständigen Wicklow Way zu wandern und alle Höhen und Tiefen gemeinsam zu schultern. Petra danke ich für alles.

Coillte danke ich für die Erlaubnis, Fotos in Ihrem Areal anfertigen und veröffentlichen zu dürfen.

Wicklow Mountains National Park danke ich für die Erlaubnis, Fotos im Bereich des Nationalparks anfertigen und veröffentlichen zu dürfen.

Powerscourt Estate danke ich für die Erlaubnis, Fotos im Bereich des Hauses und des Gartens anfertigen und veröffentlichen zu dürfen.

Land und Leute

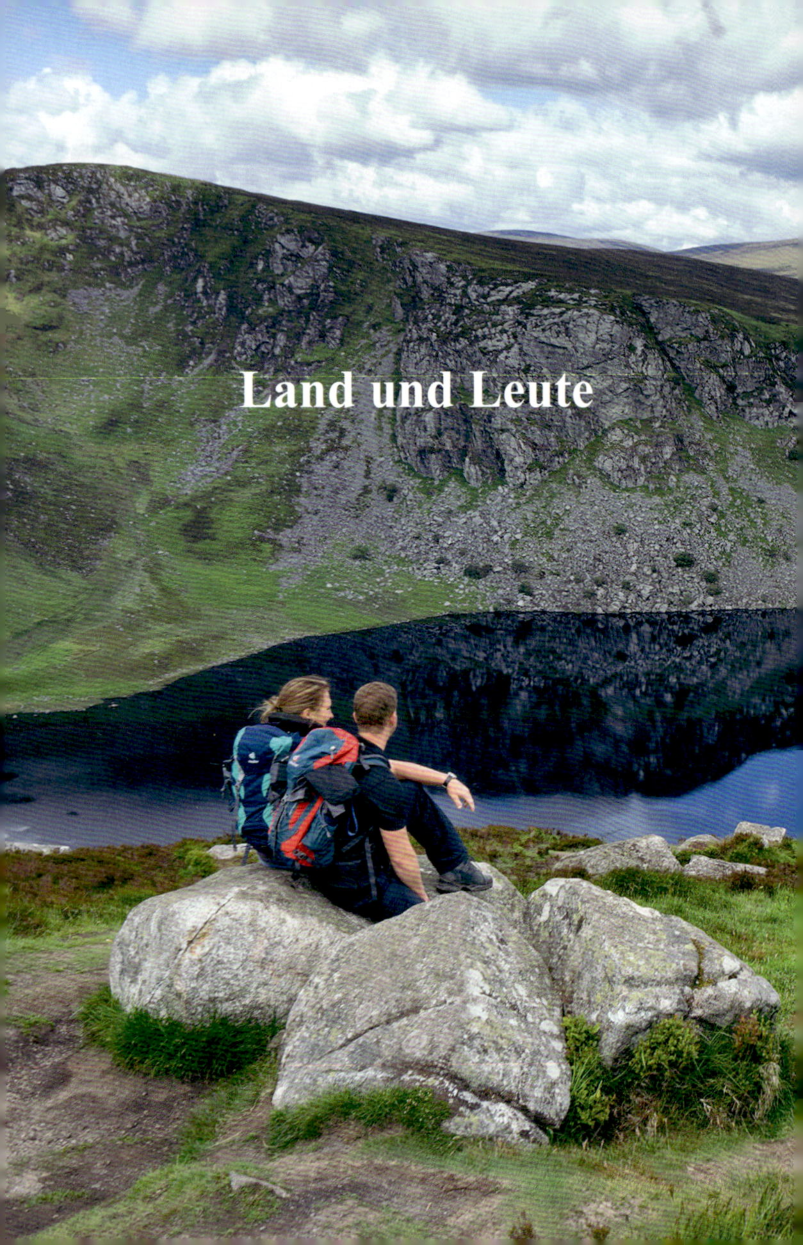

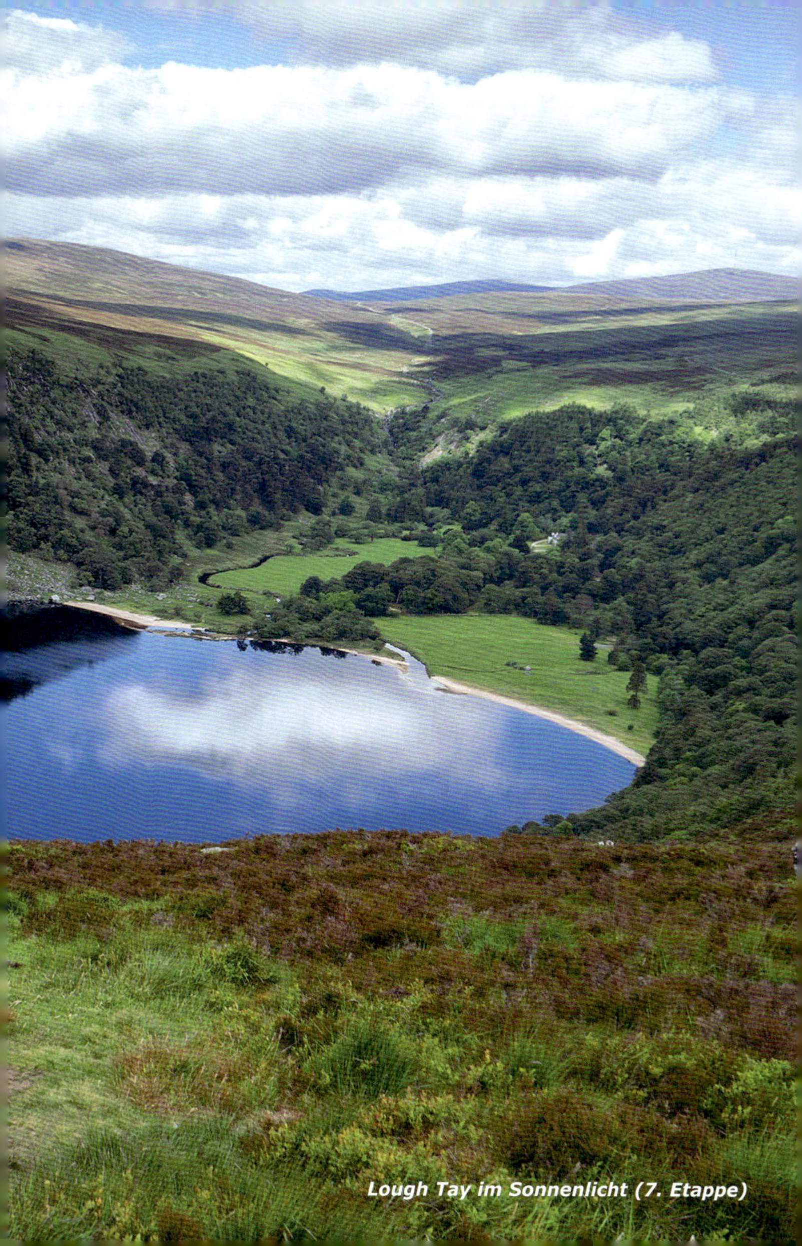

Lough Tay im Sonnenlicht (7. Etappe)

Geografie

Moore bedecken ein Fünftel der Insel. Berge umschließen die Tiefebene in der Mitte und hier finden sich auch fruchtbares Ackerland und Weideflächen. Eroberer wie die Normannen warfen gern ein Auge auf diese Ländereien, denn je weiter man nach Westen vordringt, umso karger wird die Natur und Felsen und Moore beherrschen das Landschaftsbild. Dort zeigt sich die Küste auch fast fjordähnlich zergliedert und kleine Inseln wie die Arrans oder die Skelligs sprenkeln das Meer.

Gebirgszüge wie Macgillicuddy im County Kerry mit dem höchsten Berg Carrantuohill (1.038 m) und die Wicklow Mountains mit dem Lugnaquilla (925 m) ragen heraus. Ungeachtet der recht geringen Höhen stellen die Berge für Wanderer eine Herausforderung dar, weil sie oftmals aus der flachen Tiefebene steil nach oben streben. Die Wicklow Mountains bestehen hauptsächlich aus Granit.

Flora & Fauna

Die Flora Irlands geht 10.000 Jahre zurück bis in die Eiszeit. Nachdem Irland durch den Anstieg des Meeresspiegels zur Insel wurde, verblieben dort rund 10.000 verschiedene Pflanzenarten. Im County Wicklow wurden mehr als 800 Pflanzenarten identifiziert.

Wälder aber sind in Irland recht selten zu sehen, wurden sie doch weitgehend abgeholzt; dies führte auch zu einer Ausbreitung der Moorlandschaften. In der heutigen Zeit werden zur wirtschaftlichen Nutzung vornehmlich Fichten im wahrsten Sinn angebaut, den ursprünglichen Eichen- und Birkenwälder begegnen Sie dagegen selten. Auffällig jedoch sind die vielen Waldgebiete mit Fichten in den Wicklow Mountains – im Unterschied zum Übrigen der Insel. Mancherorts sehen Sie neben Eichen auch Buchen, Lärchen oder Kastanien.

In den Sommermonaten bestimmen Heidekräuter und Ginster die Moorlandschaften. Ins Auge stechen die in Irland weitverbreiteten Hecken mit Weißdorn und Schwarzdorn, die Straßen und Wege säumen und zahlreichen Tieren Unterschlupf geben und oftmals viele Jahrzehnte, wenn nicht gar Jahrhunderte alt sind.

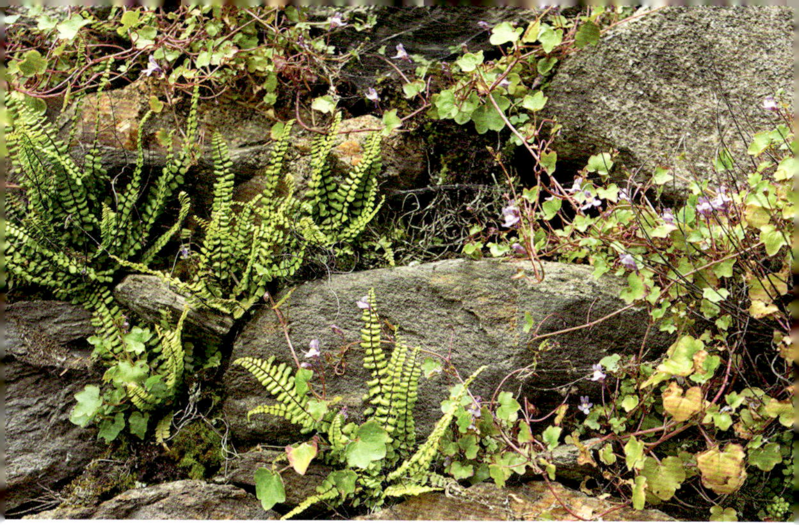

Es sprießt und wächst in jeder kleinen Ecke

Hirsche sind weitverbreitet. In den Wicklow Mountains haben sich die Rothirsche mit den 1859 im Powerscourt Estate eingebrachten Sikahirschen gepaart. Wilde Ziegenherden nahe Glendalough werden auf die Zeiten des Bergbaus oder noch früher auf das Wirken von St Kevin zurückgeführt. Hasen und Kaninchen sind nicht selten, der Fuchs gesellt sich gern dazu und Eichhörnchen und Dachse geben sich ebenso ein Stelldichein. Viele Vogelarten finden sich wiederum rund um das Tal von Glendalough, wie Rotkehlchen, Lerche oder Drossel, und in den Heidelandschaften versteckt sich das Auerhuhn.

Geschichte

Nach dem Ende der Eiszeit landeten 6000 v. Chr. die ersten schottischen Jäger und Sammler auf der Insel. In der Steinzeit vor 4.500 Jahren schwappte eine zweite Einwanderungswelle an die Küste und langsam wurde die gesamte Insel besiedelt. Der Ackerbau breitete sich aus, Ganggräber wie die in Newgrange entstanden. Die Kelten ließen sich in der Zeit von 700-150 v. Chr. in mehreren Wellen in Irland nieder, die gälische Sprache und Kultur dehnten sich aus.

432 n. Chr. begann der hl. Patrick mit der Christianisierung Irlands; erste Klosteranlagen entstanden wie die in Glendalough. Ab 795 fielen Wikinger ein und gründeten Dublin und weitere Küstenstädte wie Cork oder Limerick. Im Jahr 1014 wurden die Wikinger von Brian Boru bei Clontarf besiegt. Von 1169 an eroberten die Normannen die Insel und festigten ihren Herrschaftsanspruch durch Burgen wie die in Trim. Nach 1366 etablierte sich der „Pale", eine englische Zone rund um Dublin. Ab 1536 gewann England mehr und mehr an Macht, Klöster wurden aufgelöst und die Katholiken an der Ausübung ihrer Religion gehindert.

Von 1608 besiedelten Protestanten aus Schottland und England offiziell Nordirland und bildeten „plantations" (Ansiedlungen), Derry wurde in Londonderry umbenannt. Oliver Cromwell besiegte die Iren im 17. Jahrhundert, Ländereien der Einheimischen wurden an englische Gefolgsleute verteilt, die protestantische Vorherrschaft manifestierte sich. 1829 erkämpfte Daniel O'Connell unter dem Kampagnentitel „Katholikenemanzipation", dass Katholiken fortan Parlamentsmitglieder sein durften. In den Jahren 1845 bis 1851 grassierte die Kartoffelpest, die Große Hungersnot, die vornehmlich die katholische Bevölkerung dezimierte. 1916 wurde der Osteraufstand in Dublin von den Engländern niedergeschlagen. Der Unabhängigkeitskrieg von 1918 bis 1921 führte am 6. Dezember 1921 zum Freistaat Irland, doch sechs nordirische Grafschaften spalteten sich von den 26 südirischen Grafschaften ab; sie sind heute weiterhin Teil des Vereinigten Königreichs. Am 18. April 1949 wurde die Republik Irland ausgerufen. Irland wurde 1955 Mitglied der UNO und trat 1973 der Europäischen Gemeinschaft bei.

Seit den 60er-Jahren nahmen die Unruhen in Nordirland zu. Eine Annäherung erfolgte durch das Karfreitagsabkommen 1998, bei dem unterschiedliche Maßnahmen vereinbart wurden, um die „Troubles" zu beenden. Das Wachstum der irischen Wirtschaft um durchschnittlich 6,8 % in den Jahren 1991 bis 2003 brachte Irland den Titel des „Keltischen Tigers" ein. Die Weltwirtschaftskrise ab 2007 schüttelte den Keltischen Tiger besonders heftig durch, eine mehrjährige Rezession war die Folge.

1841 hatte Irland 8,1 Millionen Einwohner, im Jahr 1901 bedingt durch die Hungersnöte um 1850 und stete Auswanderung nur noch 3,5 Millionen Einwohner. 2018 wies die Republik Irland 4,8 Millionen Einwohner auf einer Fläche von 70.283 km² vor, Nordirland knapp 1,9 Millionen Einwohner. Dublin (irisch: *Baile Átha Cliath*) ist die Hauptstadt der Republik Irland und mit 554.554 Einwohnern die größte Stadt der Insel.

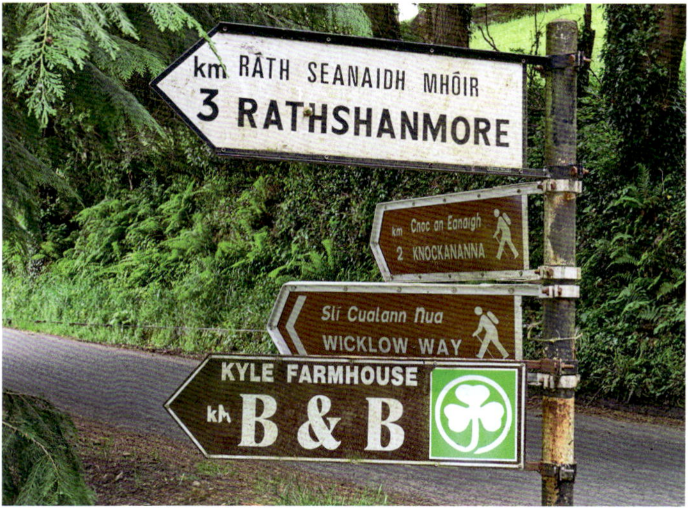

Wer rastet, der rostet – Wegweiser in irisch-gälisch und englisch

Sprache

Irisch (Irisch-Gälisch) ist seit 1937 die offizielle Sprache in Irland (irisch: *Éire*). 40 % der Iren gaben an, diese Sprache zu sprechen. Im Alltag hört man sie selten, doch beispielsweise Orts- und Straßenschilder werden meist in Irisch-Gälisch und Englisch beschriftet. Irisch-Gälisch ist als Muttersprache an der Westküste präsenter; die Grafschaften Carlow, Wicklow und Dublin gehören nicht zu den Gaeltacht (Plural: Gaeltachtaí) genannten Gebieten, in denen Irisch offiziell die vorherrschende Sprache ist. Mit Englisch kommen Sie überall weiter.

Reise-Infos von A bis Z

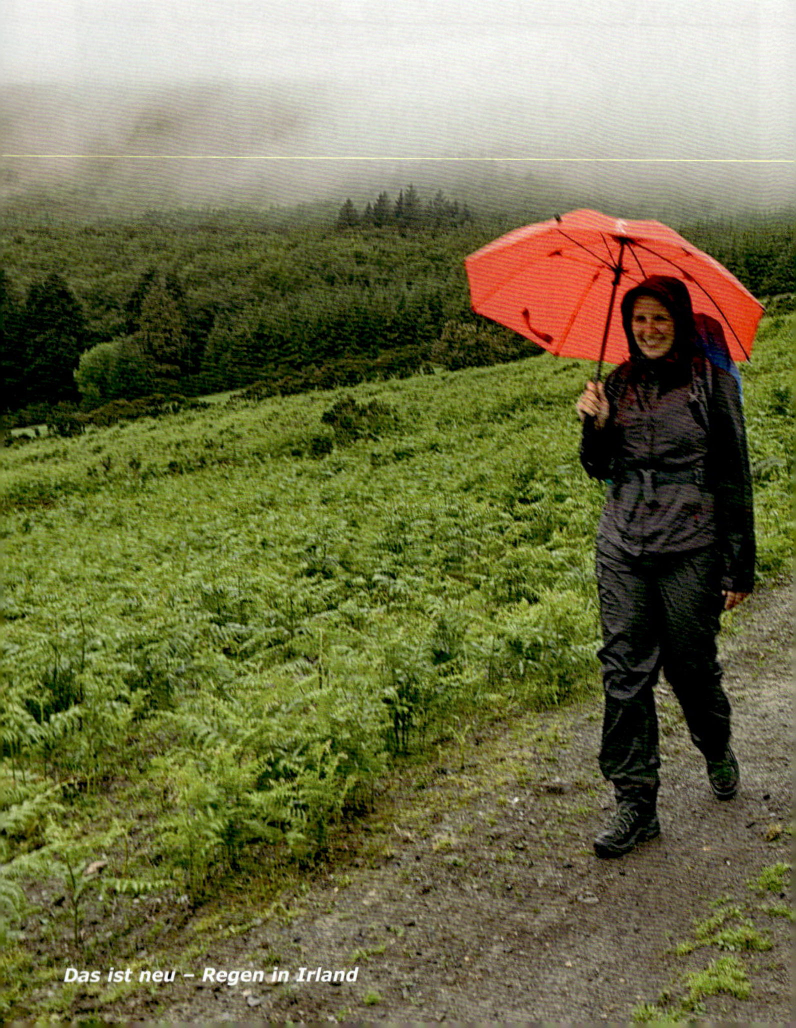

Das ist neu – Regen in Irland

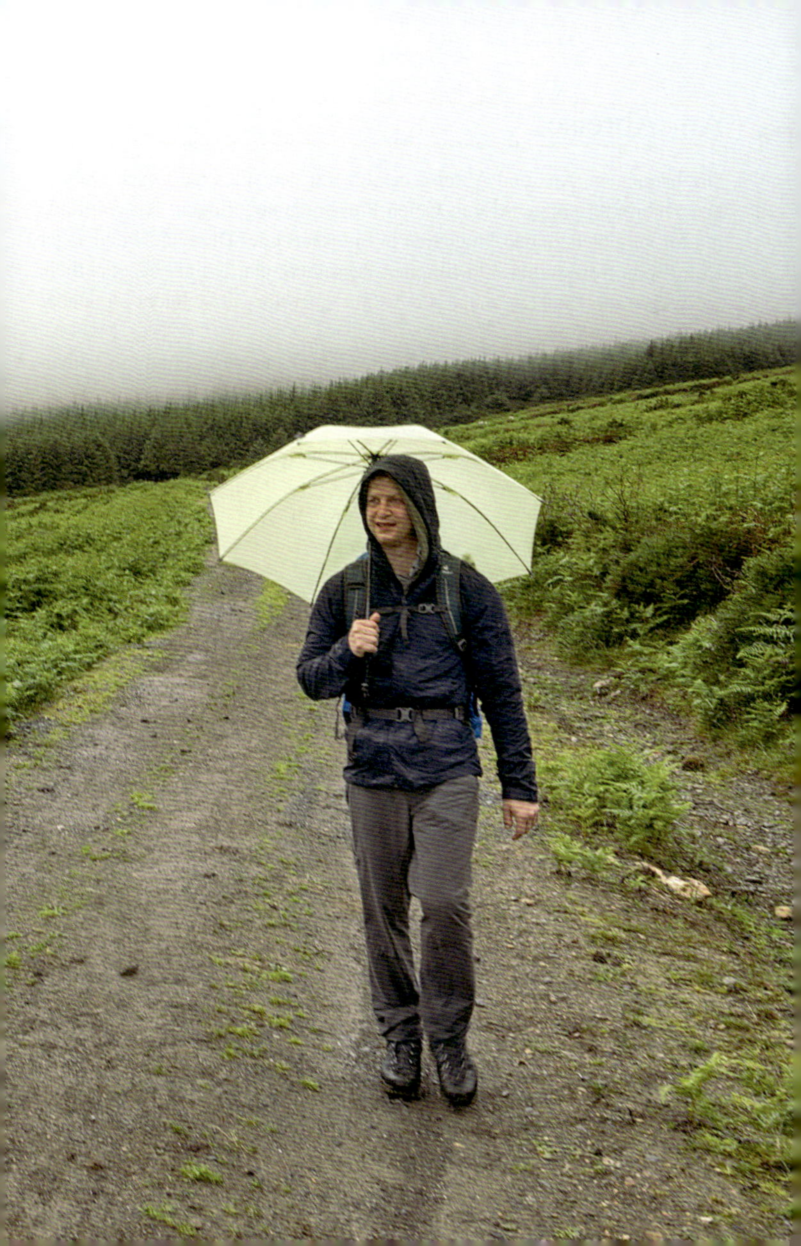

An-/Abreise

Die bequemste An- und Abreise erfolgt mit dem Flugzeug nach Dublin. Der Dublin Airport wird von vielen Fluglinien angeflogen. Ich empfinde ihn im Vergleich zu den Flughäfen in Frankfurt oder Düsseldorf und sogar Köln/Bonn trotz seiner 30 Millionen Passagiere jährlich als übersichtlich, weswegen die Taxistände und die Abfahrzonen für Busse leicht erreichbar sind.

Wichtig bei der Buchung ist, welche Gepäckstücke im Flugpreis enthalten sind und inwiefern ein Rucksack noch als Handgepäck akzeptiert wird: Unsere 30-Liter-Tagesrucksäcke erfüllten die Kriterien.

Auswahl an Fluglinien, die von und nach Dublin fliegen:

- ▷ Aer Lingus, 💻 www.aerlingus.com
- ▷ Austrian Airlines, 💻 www.austrian.com
- ▷ Eurowings, 💻 www.eurowings.com
- ▷ Lufthansa, 💻 www.lufthansa.com
- ▷ Ryanair, 💻 www.ryanair.com
- ▷ Swissair, 💻 www.swissair.com

Der Wicklow Way endet oder startet im Marlay Park im Süden Dublins. Von dort in die Stadt oder zum Flughafen zu gelangen oder, falls Sie in Dublin starten, zum Park zu kommen ist nicht unkompliziert. Entweder bestellen Sie, wie wir es getan haben, ein Taxi, das Sie direkt zur Unterkunft oder zum Flughafen bringt, oder Sie nehmen die Buslinie 16, die von der Grange Road in die City fährt mit Umstiegsmöglichkeit zum Flughafen.

Wenn Sie wie in diesem Wanderführer vorgeschlagen in Clonegall starten und nach Norden in Richtung Dublin wandern, können Sie – so haben wir es gemacht – beispielsweise mit der Linie 740 (Wexford Bus) vom Dublin Airport, Zone 16, losfahren, steigen dann in Enniscorthy in die Linie 368 (Local Link Wexford) um und fahren bis Bunclody. Dort kann Ihr Gastgeber Sie entweder abholen oder Sie gehen das Wegstück vom Ortskern zu Fuß. Die Busfahrten dauern insgesamt knapp 3 Std. 30 Min.

Unser Flug vom Flughafen Köln/Bonn mit Germanwings (im Auftrag von Eurowings) landete am späten Vormittag in Dublin, wir erwischten den

Bus 740 um 13:30, stiegen in Enniscorthy um und erreichten vor 18:00 unser B&B in Bunclody.

Die Linie 736 mit dem Anschlussbus Linie 376 fährt bei ähnlicher Fahrzeit, aber mit anderer Streckenführung ebenfalls nach Bunclody.

Es gibt noch andere Möglichkeiten, mit einem Bus nach Bunclody zu gelangen, sodass ein Blick in den unten genannten „Journeyplaner“ unabdingbar ist.

Sollten Sie nicht den gesamten Wicklow Way wandern, dann beginnen Sie vermutlich in Tinahely, Glenmalure oder Glendalough. Mit dem Wicklow Way Bus Service können Wanderer nach Vereinbarung beispielsweise von Rathdrum an fast jeden Ort am Wicklow Way gelangen. Rathdrum verfügt über eine Bahnanbindung nach Dublin (Connolly Station) und Rosslare (Europort).

Glendalough St. Kevins Bus Services bedient Glendalough, Laragh und Roundwood und fährt dann weiter ins Stadtzentrum von Dublin (☞ siehe dazu auch das Kapitel „Verkehrsmittel unterwegs“).

In Dublin finden Sie natürlich schnell ein Taxi. Gute Verbindungen garantieren die Busse und die Straßenbahn Luas.

Mit dem Journeyplaner auf der Website „Transport for Ireland“ können die Fahrten mit öffentlichen Verkehrsmitteln umfassend recherchiert werden; Smartphone-Versionen können im App Store und bei Google Play heruntergeladen werden.

Auf folgenden Internetseiten bekommen Sie Auskunft zu Bus, Bahn und Straßenbahn:

- ▷ Bus Éireann, 💻 www.buseireann.ie
- ▷ Dublin Bus, 💻 www.dublinbus.ie
- ▷ Luas, 💻 www.luas.ie
- ▷ Irish Rail, 💻 www.irishrail.ie
- ▷ Wicklow Way Bus Service, 💻 www.wicklowwaybus.com
- ▷ Glendalough St. Kevins Bus Services, 💻 www.glendaloughbus.com
- ▷ Journeyplaner, 💻 www.transportforireland.ie

Sollten Sie später am Tag von Dublin zum Flughafen fahren und das Gepäck nicht in der Unterkunft aufbewahren können, dann bieten beispielsweise die Dublin Visitor Centres die Aufbewahrung gegen Entgelt an:

- ▷ 17 O'Connell Street Lower, North City, Dublin
- ▷ 118 Grafton Street, Dublin
- ▷ 16A O'Connell Street Upper, North City, Dublin
- ▷ Bachelors Walk, North City, Dublin
- ♦ www.dublinvisitorcentre.ie, hello@dublinvisitorcentre.ie, Mo-So 8:30-18:00, je Gepäckstück € 7 für 24 Std.

Ausrüstung und Kleidung

Abhängig davon, ob Sie zelten wollen, die ganze Strecke mit dem gesamten Gepäck bewältigt werden soll oder das Gepäck von einem Gepäckservice transportiert wird, gestaltet sich die Ausrüstungsliste. Wer eine lange Wanderung wie die auf dem Wicklow Way plant, sollte zuvor – das sei dringend empfohlen – zumindest einige ähnlich lange Etappen in kurzer zeitlicher Reihenfolge bewältigt haben, um für sich selbst feststellen zu können: „Ich schaffe das!" Nichts ist fataler, als mitten bei der Wanderung zu merken, dass acht durchaus auch längere Etappen nacheinander etwas anderes sind als eine einzelne Tour am Wochenende.

Demzufolge weiß sicher jeder, was er bei ausgedehnten Wanderungen mitnehmen muss. Ich nenne deshalb nur das, was ich für den Wicklow Way besonders empfehle.

Wer auch in deutschen Mittelgebirgen wandert, der kann für den Wicklow Way auf seine bewährte Wandergarderobe zurückgreifen. Auf keinen Fall fehlen dürfen eine verlässliche Windjacke und eine Regenjacke. Wir hatten auch Wanderschirme dabei, die uns am einzigen Regentag gute Dienste leisteten. Und auch wenn die Wandertour im Sommer stattfindet, gehören Fleecepullover oder Fleecejacke zur Ausrüstung, denn mindestens die frühen Stunden des Tages können kühl sein – genauso wie die meist lauen Abende.

Darüber hinaus gehört immer ein Erste-Hilfe-Set in den Rucksack. Für den Wicklow Way rate ich zu einem Mückenspray; obgleich wir weitgehend verschont blieben, berichten andere Wanderer – sicher besonders in den morastigen Arealen – von sehr aufdringlichen Stechmücken.

Ein Sonnenschutzmittel ist unbedingt notwendig, denn wenige schattige Abschnitte wechseln sich mit längeren Passagen über offene Landschaft ab. Besonders der stete Wind täuscht dann darüber hinweg, dass die Sonne brennt; der Sonnenbrand am Abend wäre die Quittung.

Eine Taschenlampe empfehle ich außerdem, erst recht in den dunkleren Jahreszeiten, um nicht nach einem ungeplanten Abstecher im Finsteren den Weg suchen zu müssen. Eine gute Stirnlampe verschafft dem Wanderer dann sogar noch freie Hände.

Eine (oder mehrere) der Trinkflaschen, in die frisches Quell- und Bachwasser eingefüllt werden kann, sollte über ein integriertes Filtersystem verfügen. Auch wenn die Gewässer klar aussehen, arbeitet die Landwirtschaft allerorten mit Düngemitteln und die nett ausschauenden Schafe und Rinder verrichten auch mal ihre Notdurft, sodass Fäkalien selbst im reinsten Bächlein landen können. Neben den Getränken, die frühzeitig besorgt sein wollen, sind auch ausreichend Nahrungsmittel für unterwegs mitzunehmen.

Für die Notdurft sollten Sie eine Miniklappschaufel zum Verscharren mitnehmen und sich vergegenwärtigen, dass Papiertaschentücher je nach Umgebung 1-5 Jahre zum Verrotten brauchen (eine Bananenschale übrigens 1-3 Jahre und ein Zigarettenstummel 2-7 Jahre). Die Notdurft sollten Sie nicht weniger als 30 m von Wasserläufen und 50 m von Wanderwegen entfernt verrichten.

Sie müssen unbedingt damit rechnen, dass Sie abends nicht im Ort einkaufen können oder nur ein eingeschränktes Lebensmittelangebot vorfinden. Ein Klappbesteck mit Löffel, Messer und Gabel sollte daher auch Platz im Rucksack haben, um dann ein Stück Käse aufs Brot säbeln zu können.

Nicht vergessen werden darf das Kartenmaterial. Ich bevorzuge noch immer gedruckte Karten, doch über ein verlässliches GPS oder ein Smartphone – bei dem der Empfang in den Wicklow Mountains nicht immer garantiert ist! – lässt sich auch die aktuelle Position bestimmen und der weitere Weg planen. Besonders wenn der Nebel den Wanderer erwischt, ist darüber hinaus in den Bergen übrigens ein gutes Orientierungsvermögen nötig. Bei Nebel sollten Sie auch auf gewagte Abstecher, beispielsweise auf den Djouce in der 7. Etappe, verzichten.

Da die Regenfälle ergiebig sein können, sollten wichtige nicht wasserfeste Utensilien im Rucksack in wasserdichten Behältnissen verstaut werden; das gilt natürlich besonders für Fotoapparate, Smartphones und Ähnliches. Für unterwegs ist außerdem eine ausreichend dimensionierte Powerbank zum Aufladen beispielsweise des Smartphones ratsam.

Diplomatische Vertretungen

... in Irland

Ⓓ Botschaft der Bundesrepublik Deutschland, 31 Trimleston Avenue, Dublin, ☏ 003 53/1/269 30 11, FAX 003 53/1/269 39 46, 💻 www.dublin.diplo.de, ✉ info@dublin.diplo.de

(CH) Schweizer Botschaft, 6 Ailesbury Road, Ballsbridge, Dublin 4, ☏ 003 53/1/218 63 82 o. -83, FAX 003 53/1/283 03 44, 💻 www.eda.admin.ch/dublin, ✉ dub.vertretung@eda.admin.ch

Ⓐ Österreichische Botschaft, 15 Ailesbury Court, 93 Ailesbury Road, Dublin 4, ☏ 003 53/1/269 45 77, FAX 003 53/1/283 08 60, 💻 www.bmeia.gv.at/oeb-dublin, ✉ dublin-ob@bmeia.gv.at

Irlands in ...

Ⓓ Botschaft der Republik Irland, Jägerstraße 51, D-10117 Berlin, ☏ 030/22 07 20, FAX 030/22 07 22 99, 💻 www.dfa.ie/irish-embassy/germany, ✉ berlin@dfa.ie

(CH) Botschaft der Republik Irland, Kirchenfeldstraße 68, CH-3005 Bern, ☏ 031/352 14 42, FAX 031/352 14 55, 💻 www.dfa.ie/irish-embassy/switzerland, ✉ berne@dfa.ie

Ⓐ Botschaft der Republik Irland, Rotenturmstraße 16-18, A-1010 Wien, ☏ 01/715 42 46, FAX 01/713 60 04, 💻 www.dfa.ie/irish-embassy/austria, ✉ vienna@dfa.ie

Einkaufen

Manche der Ortschaften nahe dem Wicklow Way bieten kleine Supermärkte oder an Tankstellen angegliederte Minimärkte. Das Angebot an Waren ist begrenzt und nicht vergleichbar mit der Auswahl in größeren Städten oder in Dublin. Lebensmittel des täglichen Bedarfs sind aber regelmäßig vorrätig.

Die Geschäfte haben in aller Regel von Montag bis Freitag von 9:00 bis 18:00, oftmals auch länger, geöffnet. Insbesondere Supermärkte öffnen von 8:00 bis 21:00 und auch an Samstagen und/oder Sonntagen. Es ist auf jeden Fall ratsam, sich frühzeitig und bei jeder Gelegenheit, die sich bietet, mit den notwendigen Waren einzudecken. Insbesondere an Getränke wie Wasser für unterwegs oder eine Verpflegung für den Wandertag sollte gedacht werden.

Wir deckten uns für unterwegs mit einer kleinen Anzahl Fertiggerichten in Bechern ein, die mit heißem Wasser aufbereitet werden. Sie tilgen den ärgsten Hunger und steigern den Appetit auf die nächste richtige Mahlzeit.

Einreise und Zoll

Eine Visumspflicht besteht nicht. Für Aufenthalte bis zu drei Monaten reicht ein mindestens noch sechs Monate gültiger Personalausweis. Nicht erlaubt ist die Einfuhr von Waffen, Drogen, Fleisch- und Molkereiprodukten. Zum Eigenbedarf gedachte Produkte können im Allgemeinen ohne Schwierigkeiten mitgenommen werden. Es gibt bestimmte Mengenrichtlinien für den Eigenbedarf, die aber den Bedarf für die Wanderwoche in aller Regel übersteigen.

Wer nach dem Brexit, dem Austritt des Vereinigten Königreichs aus der EU, über England, Wales, Schottland oder Nordirland einreist, muss die dann gültigen Einreisebedingungen selbst recherchieren, da diese zum Zeitpunkt der Drucklegung des Wanderführers noch immer nicht geregelt waren.

Elektrizität

Die elektrische Spannung beträgt in Irland 220 Volt Wechselstrom und die Netzfrequenz 50 Hertz. Sie benötigen einen Zwischenstecker mit drei Polen. Einen Reisesteckeradapter können Sie online bestellen oder vielleicht daheim im örtlichen Handel erstehen. Wenn Sie verschiedene Elektrogeräte aufladen oder gleichzeitig benutzen müssen, sind zwei oder sogar drei Adapter empfehlenswert, besonders um Powerbanks und Smartphones oder Kamerabatterien gleichzeitig aufzuladen.

Essen und Trinken

In einigen Dörfern und kleinen Städten haben Sie eine Auswahl an verschiedenen Einkehrmöglichkeiten. Dort, wo wir speisten, aßen wir durchweg schmackhaft und zu Preisen, die wir aus Deutschland und den angrenzenden Ländern kennen. Fleischgerichte gibt es immer; Lamm, Rind und Schwein sind beliebt. Die Iren galten nie als seefahrende Nation und ihr Verhältnis zum Fisch als Mahlzeit war früher eher distanziert; heutzutage gibt es aber regelmäßig auch Fischgerichte. Irish Stew findet sich natürlich auf der Karte, aber auch Salate und Fleischloses.

Die B&Bs offerieren meist ein irisches Frühstück, durchweg aber auch ein kontinentales Frühstück oder Porridge, Müsli, Cornflakes und andere Getreideflocken, die *cereals*. Das spezielle *Irish breakfast* besteht aus Würstchen, Schinkenspeck, gebratener Tomate, Spiegelei und *white & black pudding* (*white pudding* ist eine Art Grützwurst mit Haferflocken, Brot und Fett, beim *black pudding* wird noch Blut hinzugefügt) und mitunter *baked beans*, Toast oder *brown bread* werden dazu gereicht. Uns genüg-

Start in den Wandertag mit einem Full Irish Breakfast

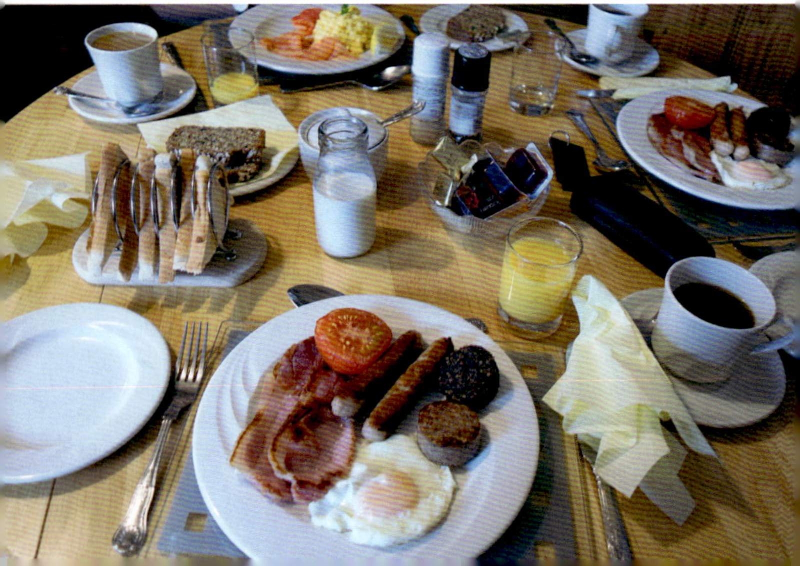

te es als gehaltvolle Grundlage für den Wandertag und es war für uns gut verträglich. Sie sollten dem *Irish breakfast* eine Chance geben ...

Leitungswasser hat in aller Regel dieselbe Qualität wie bei uns; wir füllten unsere Trinkflaschen im Zimmer auf und hatten während der Wanderungen keine Probleme. Mancherorts schmeckte es aber stark chlorhaltig. Am besten die Gastgeber fragen, ob sie ihr Leitungswasser empfehlen können oder es selbst trinken.

Etappen, Laufrichtung und Markierung

Wir wanderten den Wicklow Way in 8 Etappen. Natürlich ist eine andere Einteilung möglich. In den Wegbeschreibungen finden sich an in Frage kommenden Orten Verweise auf Unterkünfte oder Abholmöglichkeiten. Unsere Etappen stellen sich wie nachfolgend dar. Bei den Angaben finden sich zuerst die Werte für die Etappe mit Zuwege (in der Regel zu unseren Übernachtungsstätten), als zweites die Werte für jede Etappe ohne Zuwege. Ich gebe die längeren Distanzen zuerst an, da oftmals keine Übernachtungsmöglichkeiten direkt am Wicklow Way liegen und deshalb nicht selten Zuwege zu Unterkünften zu Fuß zurückgelegt werden müssen.

1. Tag: Clonegall – Shillelagh
(➲ 19,9 km/16,9 km, ↑ 425 m/420 m, ↓ 415 m/232 m)
2. Tag: Shillelagh – Tinahely
(➲ 25 km/19,1 km, ↑ 620 m/428 m, ↓ 586 m/440 m)
3. Tag: Tinahely – Ironbridge
(➲ 19,4 km/16,4 km, ↑ 567 m/421 m, ↓ 494 m/487 m)
4. Tag: Ironbridge – Glenmalure (➲ 12,9 km, ↑ 496 m, ↓ 529 m)
5. Tag: Glenmalure – Laragh
(➲ 17 km/16,6 km, ↑ 565 m/560 m, ↓ 516 m/497 m)
6. Tag: Laragh – Oldbridge
(➲ 9,1 km/6,7 km, ↑ 361 m/315 m, ↓ 247 m/247 m)
7. Tag: Oldbridge – Enniskerry
(➲ 29,9 km/23,1 km, ↑ 694 m/690 m, ↓ 910 m/801 m)
8. Tag: Enniskerry – Marlay Park, Dublin
(➲ 22/17,2 km, ↑ 634 m/454 m, ↓ 616 m/616 m)

Der Wicklow Way ist 129 km lang. Mit den Zuwegen zu den Übernachtungsstätten kamen wir auf 151,5 km. Nicht vergessen werden darf, dass darüber hinaus noch weitere Strecken am Tag zu Fuß geschafft werden, wie etwa zum Restaurant oder zum Einkaufen. Letztlich hatte ich auch durch die Fotoaufnahmen rund 200 km auf dem Wandertacho.

Von Süden nach Norden betragen die Höhenmeter beim regulären Wicklow Way (129 km) aufwärts 3.784 m, abwärts 3.249 m und die Zuwege eingerechnet (151,5 km) aufwärts 4.362 m, abwärts 4.280 m.

Während die beiden ersten Etappen von Süden nach Norden von Clonegall nach Tinahely aufwärts insgesamt 848 m aufweisen, müssen bei einer Wanderung von Norden nach Süden von Marlay Park in Dublin nach Oldbridge auf den beiden ersten Etappen 1.473 m überwunden werden.

Die empfohlene Gehrichtung verlief ursprünglich von Norden nach Süden, ausgehend von Dublin in die Dublin Mountains und weiter in die Wicklow Mountains. Erst später wurde der Wicklow Way bis Clonegall weitergeführt. Auch heute wandert noch die Mehrzahl von Dublin in Richtung Süden.

Wir wanderten bewusst von Süden aus nach Norden. Nach Abschluss der Wanderung halte ich unsere gewählte Gehrichtung weiterhin für sehr empfehlenswert. Für mich gibt es mehrere Gründe.

- ▷ Von Norden aus liegen sofort einige anstrengende Steigungen an. Unser Start im Süden dagegen hatte den Vorteil, dass wir gemächlicher unseren Rhythmus bei eher moderaten Anstiegen und Abstiegen finden konnten. Die ersten Tage dienten gut zur Einstimmung und dafür, ein Wandergefühl zu entwickeln, ohne dass wir uns verausgabten.
- ▷ Der Wind weht häufig aus Südwesten. Beim Wandern von Süden nach Norden bläst der Wind also meistens in den Rücken, nicht ins Gesicht. Das ist angenehmer, besonders wenn der Wind durch Regen ergänzt wird.
- ▷ Die schönsten Etappen warten zum Schluss auf den Wanderer. Es lässt sich natürlich debattieren, welche Etappe die schönste ist, aber gemeinhin werden die Etappen von Clonegall bis Tinahely wegen des doch häufigen Asphalts gemieden. Mein Eindruck vom Wicklow Way bis Tinahely dagegen war allerdings durchweg positiv;

gerade der für andere zu harte und naturferne Straßenbelag erleichtert die Konzentration auf die Umgebung, begünstigt durch den meist mäßigen und durchgängig rücksichtsvollen Straßenverkehr.

Trotzdem muss ich demjenigen, der nicht den kompletten Wicklow Way wandern will, vorschlagen, beispielsweise die Etappen von Clonegall nach Tinahely auszulassen und erst in Tinahely oder noch später in Glenmalure zu starten. Auf Glendalough nämlich darf man ebenso wenig wie auf das Bergpanorama rund um Lough Tay verzichten.

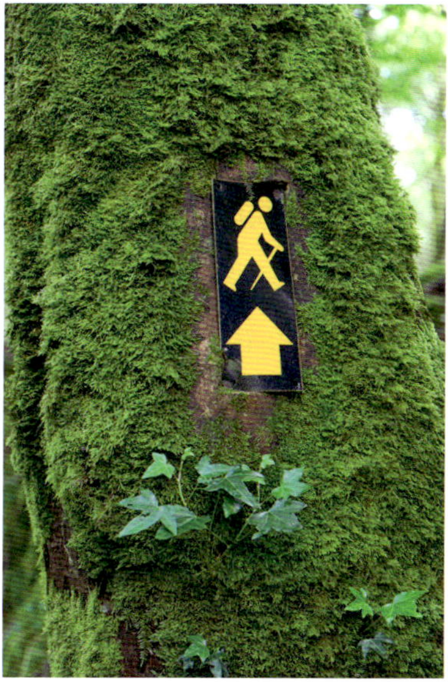

Der gelbe Wanderer weist den Weg

Auf dem Wicklow Way finden Sie Wegweiser mit einem gelben Wanderer und einem gelben Richtungspfeil, der Ihnen die Gehrichtung zeigt. Platziert sind diese an Weggabelungen und Kreuzungen und auf längeren geraden Abschnitten. Wegweiser mit dem gelben Wanderer und dem gelben Pfeil entdecken Sie beispielsweise auf Holzpfosten. Es gibt auch eine kleine Anzahl von Informationstafeln. Verbleibende oder zurückgelegte Entfernungen werden nicht angezeigt.

Wenn Sie 1 km oder mehr zurückgelegt haben, ohne einen Wegweiser zu sehen, ist die Wahrscheinlichkeit groß, dass Sie einen Abzweig verpasst haben. Gehen Sie dann denselben Weg zurück, bis wieder eine Markierung auftaucht.

Der Wicklow Way war bei unserer Wanderung sowohl in unserer Gehrichtung von Süden nach Norden als auch von Norden nach Süden tadellos markiert.

Geld

2002 wurde in Irland der Euro eingeführt. Nehmen Sie aber ausreichend Bargeld mit, denn in den kleineren Ortschaften ist nicht immer ein Geldautomat installiert oder eine Bankfiliale beheimatet. Und nicht überall können Sie mit Kreditkarte bezahlen. Wenn Sie die Übernachtungsstätte bar bezahlen müssen, sollten Sie die passenden Geldsummen dabeihaben. Denken Sie auch daran, dass Sie abends im Restaurant dasselbe Preisniveau wie in Deutschland erwartet und Sie bei acht Wandertagen einiges an (Bar-)Geld liegen lassen. Pubs und Fast-Food-Häuser sind natürlich günstiger.

Gepäcktransport

Wicklow Way Baggage befördert das Gepäck von einer Übernachtungsstätte zur nächsten. Sie decken die vollständige Strecke von Clonegall nach Marlay Park und umgekehrt ab. Unser Gepäcktransport von Clonegall bis Marlay Park funktionierte tadellos, das Gepäck war immer wie zugesagt spätestens bis 16:30 im nächsten B&B. Beachten Sie auch die Bedingungen des Gepäcktransfers, wertvolle Dinge (also auch Bargeld oder Laptops und Ähnliches) sollen nicht im Koffer sein, bei Haftungsfragen also daran denken. Es gibt eine Gewichtsbegrenzung von 15 kg je Gepäckstück.

Die Buchung nehmen Sie am besten online über das Buchungsformular vor: 💻 www.wicklowwaybaggage.com/booking.

💼 Wicklow Way Baggage, Castleview, Trooperstown, Roundwood, ☎ 86/269 86 59, 💻 www.wicklowwaybaggage.com, ✉ info@wicklowwaybaggage.com, 🚪 20. März-31. Okt 2020 (in den Folgejahren kann der genaue Zeitraum etwas abweichen), 1 Koffer € 10, 2 Koffer € 15, 3 Koffer € 22,50 je Tag, Maximalgewicht je Gepäckstück 15 kg, Minimumtransfer 2 Koffer je Tag

Hunde

Die genauen Einreisebestimmungen für Haustiere nach Irland finden sich auf der Seite des Landwirtschaftsministeriums: www.agriculture.gov.ie/pets. Ein EU-Heimtierausweis ist notwendig.

Mein Ratschlag: Nehmen Sie Ihren Vierbeiner nicht mit auf den Wicklow Way. Häufig wandern Sie über Privatbesitz und sollten respektieren, wenn die Grundstückseigner dort Hunde nicht gestatten. Wenn Sie die Wanderung trotzdem mit Ihrem Hund angehen wollen, führen Sie ihn bitte an der Leine. Sie wandern sehr oft direkt an Viehkoppeln entlang und nicht selten queren Sie auch eine Weide mit Schafen oder Rindern. Nutztiere sind schreckhaft, besonders wenn Jungtiere dabei sind.

Informationen

Informationen zur Reise nach Irland und über die Grüne Insel allgemein erhalten Sie beispielsweise von:

▷ Tourism Ireland, 💻 ireland.com
▷ Wicklow County Tourism, 💻 www.visitwicklow.ie
▷ Wicklow Way, 💻 www.wicklowway.com
▷ Glendalough, 💻 www.glendalough.ie
▷ Dublin, 💻 www.visitdublin.com

Karten, Literatur und GPS

Als zusätzliches Kartenmaterial zu diesem Buch empfehle ich die Karten im Maßstab 1:50.000 aus der Discovery Series von Ordnance Survey Ireland, 💻 www.osi.ie. Relevant sind die Kartennummern 50, 56 und 62.

Detaillierter sind die Karten von EastWest Mapping, 💻 www.eastwest-mapping.ie. Derzeit werden die älteren Karten überarbeitet und im Maßstab umgestellt. Maßgeblich sind die Karten Wicklow South und Lugnaquilla & Glendalough (beide neu im Maßstab 1:25.000), Wicklow Mountains West und Dublin Mountains (beide im Maßstab 1:30.000). Einige der Karten können bei den gewohnten Online-Buchversendern geordert werden. EastWest Mapping lieferte mir die Karten nach Bestellung über die Verlagsseite schnell und zuverlässig, was wegen der Bestellung von mehreren Karten auch preislich attraktiv war.

Sowohl OSI also auch EastWest Mapping zeigen Clonegall auf den genannten Karten nicht, was ich aber bei unserer Wanderung auch als nicht unbedingt nötig empfand.

☺ Die Kartenempfehlungen wurden von der Geobuchhandlung Kiel überprüft. 💻 www.geobuchhandlung.de

Sehr hilfreich für Wanderungen in den Wicklow Mountains abseits des Wicklow Way finde ich „Dublin & Wicklow – A Walking Guide“ von Helen Fairbairn (The Collins Press, ISBN 978-1-84889-201-9). Das Buch ist über den Onlinehandel erhältlich. 28 Touren decken das gesamte Gebiet ab und werden ausführlich dargestellt – sehr empfehlenswert, wenn Sie einen Ruhetag nicht zur Ruhe, sondern zum Wandern abseits des Wicklow Way nutzen möchten.

„Glücksorte in Dublin“ von Nicole Quint und Thomas Schneider in der erfolgreichen Glücksorte-Reihe ist ganz frisch im Droste Verlag, ISBN 978-3-77002-129-1, erschienen und präsentiert in Text und Bild die 80 schönsten Gründe, um Dublin zu besuchen. Auch ich habe einige Vorschläge entdeckt, die ich gerne vor unserem Dublin-Besuch gewusst hätte – jetzt habe ich einen guten Grund für die nächste Irlandreise. Reinschauen und sich inspirieren lassen.

Die GPS-Tracks aller Etappen mit und ohne Zuwege können Sie von der Verlagsseite 💻 www.conrad-stein-verlag.de herunterladen.

📖 **GPS** *Grundlagen · Tourenplanung · Navigation* von Michael Hennemann, Conrad Stein Verlag, Basiswissen für draußen, ISBN 978-3-86686-495-5, € 9,90

Kinder

129 km sind für sportlich orientierte Kinder zu schaffen – vorausgesetzt, das tägliche Streckenpensum wird auf ihr Leistungsvermögen angepasst. Gegebenenfalls sollten längere Etappen in zwei Abschnitte geteilt und vielleicht ein oder mehrere Ruhetage eingelegt werden. Es bietet sich natürlich auch an, den Wicklow Way nicht komplett zu wandern, sondern sich besondere Etappen auszuwählen.

Die Frühstücke waren immer reichlich und in der Auswahl auch für den Kinderappetit geeignet und Pubs und Restaurants offerieren auch kleine Gerichte. Ferner ist es bei Kindern notwendig, dass sie gute Wanderschuhe tragen, die sie wie Erwachsene auch eingelaufen haben. Kleinkinder können sicherlich in einem Rückentragegestell mitgenommen werden, wobei die doch häufigen böigen Winde und der oft unberechenbare Regen nicht außer Acht gelassen werden dürfen.

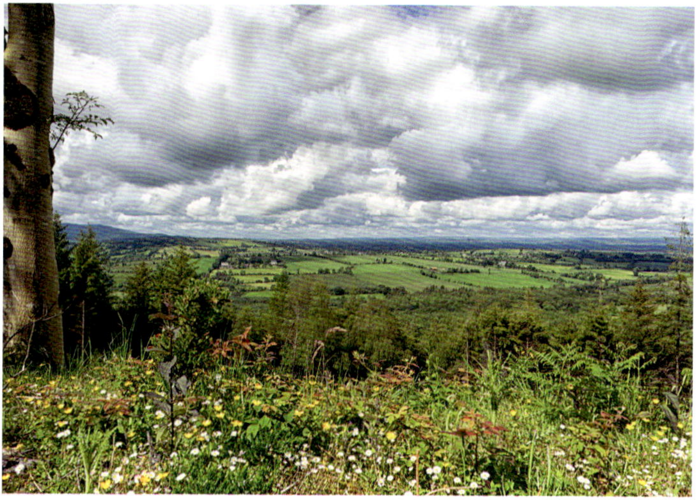

Dunkle Wolken – bunte Landschaft

Klima und Reisezeit

Irland zeichnet ein aufgrund des nordatlantischen Stroms gemäßigtes Klima aus. Die Winde wehen meist von Südwesten nach Nordosten. Im Mai und Juni können Sie mit durchschnittlich 5-7 Stunden Sonnenschein rechnen. Die wärmsten Monate sind Juli und August mit 14-16° C Durchschnittstemperatur. Die Höchsttemperatur von 33,3° C wurde 1887 in Kilkenny Castle gemessen, die Tiefsttemperatur von -19,1° C im Jahr 1881 in Markree Castle. Auf der Insel herrschen also nicht so extreme Temperaturen wie in Deutschland.

An 230-270 Tagen im Jahr muss mit Regen gerechnet werden. Die Wetterverhältnisse wechseln manchmal sehr schnell: Wo gerade noch blauer Himmel für gute Stimmung sorgte, schüttet es Minuten später wie aus

Kübeln. Dabei ist nicht immer gesagt, dass diese Schauer nur kurzzeitig niederfallen. Wir hatten am zweiten Wandertag einen mehrstündigen Regen, der uns trotz Regenschutz ordentlich durchnässte. Dafür gab es an den übrigen sieben Wandertagen nur einen sehr kurzen Nieselregen, ansonsten kamen wir regenfrei durch – um dann in Dublin im Dauerregen durch die Stadt zu streifen. Anders gesagt: Wer in Irland wandert, muss für jedes Wetter gewappnet sein und auch damit rechnen, überhaupt nicht nass oder durchweg nass zu werden. Auf die Wettervorhersagen war nur bedingt Verlass. Es wurde wirklich immer für den kommenden Tag Regen gemeldet, der dann nicht eintraf. Dafür wurde dann wieder für den nächsten Tagen Regen gemeldet – der uns wieder verschonte. Bis wir Dublin erreichten ...

Die beste Zeit zum Wandern auf dem Wicklow Way beginnt im Mai und endet im September. Im Juli und August ist am meisten auf dem Weg los, gerade dann ist die frühzeitige Buchung der Übernachtungen notwendig. Für eine lückenlos unproblematische Wanderung empfehle ich die Buchung vorab und nicht vor Ort. Die Übernachtungsressourcen sind begrenzt. Wandern außerhalb der Hauptreisezeit ist sicher möglich und übt auf dem Wicklow Way schon wegen seiner Menschenleere einen speziellen Reiz aus, doch muss beachtet werden, dass viele B&Bs nicht alle Monate über geöffnet sind und beispielsweise der Wicklow Way Baggage Service von November bis März nicht aktiv ist.

Maße und Gewichte

In Irland gilt das metrische System. Es wird aber nicht überall strikt angewendet, so werden Entfernungen sowohl in Kilometern als auch in Meilen gemessen, Nahrungsmittel in Kilogramm und Pfund gewogen und im Pub die Getränke meist als Pint eingeschenkt.

- 1 Meile = 1,609 Kilometer
- 1 Kilometer = 0,621 Meilen
- 1 Pfund = 0,454 Kilogramm
- 1 Kilogramm = 2,205 Pfund
- 1 Pint = 0,5683 Liter
- 1 Liter = 1,759 Pints

Medizinische Versorgung und Apotheken

In Irland haben gesetzlich Krankenversicherte Anspruch auf die medizinisch notwendigen Leistungen. Um Leistungen in Anspruch nehmen zu können, muss dem ausländischen Leistungserbringer die europäische Krankenversicherungskarte (EHIC) vorgelegt werden, die sich in der Regel auf der Rückseite der nationalen Krankenversichertenkarte befindet. Manche Leistungen, die beispielsweise privat abgerechnet werden, oder ein notwendiger Krankenrücktransport sind nicht versichert, sodass sich eine Reisekrankenversicherung lohnen kann.

Die verschiedenen Krankenversicherungsbedingungen der privaten Versicherungen weichen oft voneinander ab, weshalb Sie sich selbst bei Ihrer Versicherung informieren müssen.

Notfälle und Notruf

Wählen Sie die Sammelnotrufnummern ☏ 112 oder ☏ 999, wenn Sie einen Notfall melden müssen. In den Wicklow Mountains ist die Mountain Rescue (Bergrettung) aktiv. Der Notruf ist kostenlos. Beachten Sie, dass Sie nicht überall auf dem Wicklow Way Empfang haben, sodass Sie möglicherweise keinen Notruf absetzen können.

Tragen Sie trotzdem nach Möglichkeit immer ein Mobiltelefon bei sich. Geben Sie Ihren Gastgebern am besten immer Bescheid, wenn Sie eine andere Route als auf dem Wicklow Way wandern, damit Ihre Strecke bei Notwendigkeit nachvollzogen werden kann. Das gilt besonders, wenn Sie allein unterwegs sind und bei einem Unfall nicht selbsttätig Hilfe anfordern oder herbeiholen können. Nehmen Sie auch eine Trillerpfeife mit, um sich bemerkbar zu machen; an manchen Rucksäcken ist eine solche sogar angebracht.

Post

In einigen Orten finden Sie eine Poststelle vor. Die Öffnungszeiten variieren. Das Porto für eine Postkarte (bis 100 g) ins europäische Ausland beträgt € 1,70. Die Internetseite der irischen Post ist: 💻 www.anpost.ie.

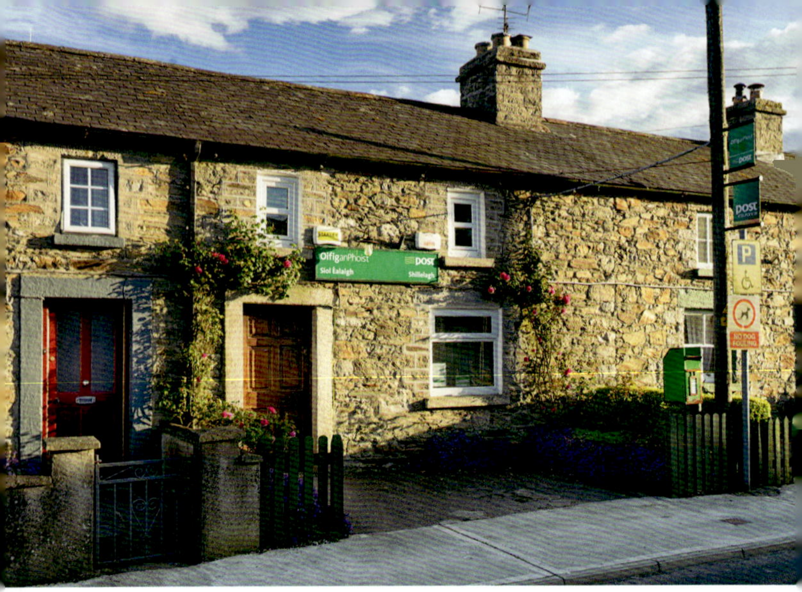

Die Post in Shillelagh

Pubs

Die Kurzform steht für *public bar* und ist durchaus mit der uns geläufigen Kneipe vergleichbar. Die Öffnungszeiten variieren je nach Ort. Es werden kleine Gerichte angeboten. Guinness gibt es natürlich überall, aber probieren Sie ruhig auch einen Apfelwein, den Cider, oder andere Biersorten. Das Smithwick's, ein Red Ale aus Kilkenny, hat es uns durchaus angetan (und wird mittlerweile in Dublin gebraut). Livemusik lockert die Atmosphäre öfters auf, Musiker aus der nahen oder fernen Umgebung spielen dann traditionelle Folkmusik etwa mit Akkordeon, Banjo, Fiedel oder Dudelsack – oder mit modernen Instrumenten. Die Musiker sitzen meist nah beim Publikum.

Allgegenwärtig ist in den Pubs das TV. Vielleicht werden auch Sie Zeuge ungewöhnlicher Sportarten wie Gaelic Football (eine Mischung aus Rugby, das in Irland auch sehr populär ist, und American Football), bei dem zwei Teams mit 15 Spielern den eiförmigen Ball höchstens vier Schritte in der Hand halten und das Ei nur treten oder schlagen, aber nicht werfen dürfen. Sie werden wie wir fasziniert zuschauen, wenn die Spieler den Spielball abwechselnd vom Fuß in die Hände bugsieren, um ihn zwischen zwei 6-7 m hohen und mit Querbalken versehenen Stangen zu treten. Oben drüber gibt es weniger Punkte als unten rein. Das ist nichts für Zartbesaitete, denn es geht richtig zur Sache.

Hurling (Frauen spielen Camogie) ist ähnlich, nur werden wie beim Hockey ein kleiner Ball und ein Eschenholzschläger, der Hurley, benutzt. Das schnelle Spiel wurde wohl schon im 14. vorchristlichen Jahrhundert gespielt. Der Spieler schlägt oder balanciert den Ball geschickt mit oder auf dem breiten Schlagende, dem Bas. Besonders wichtig: Der ballführende Spieler darf nicht mit dem Hurley geschlagen werden.

Radfahrer

Der Wicklow Way ist nur in Teilstücken mit dem Rad befahrbar. Sicher sind auch Mountainbiker unterwegs, doch zumindest die Passagen über die Holzbohlen sind für Radfahrer ungeeignet. Etappen, die wie die ersten Teilstücke oft über Landstraßen führen, sind für Radfahrer durchaus geeignet, doch in seiner Gesamtheit ist der Wicklow Way speziell für Wanderer ausgelegt.

Daher mache ich hier auch keine waghalsigen Klimmzüge, um spezielle Tipps für Fahrradfahrer loszuwerden. Überlassen Sie den Wicklow Way den Wanderern. Vielen Dank.

Regeln für Wanderer

Man möchte meinen, dass Wanderer besonders umsichtig sind und sich naturverbunden verhalten. Dass dem nicht immer so ist, belegen ja auch bei uns die Abfälle am Wegesrand und die Beschwerden der Einheimischen. Daher einige Verhaltenstipps, die vom „Farmland Code of Conduct“ abgeleitet wurden und nicht nur in Irland als Richtlinie gelten sollten.

▷ Respektieren Sie das Acker- und Weideland und die ländliche Umwelt.

▷ Beeinträchtigen Sie keine Nutztiere, Ernten, Maschinen oder anderes Eigentum.

- ▷ Beachten Sie alle Feuerrisiken, insbesondere in der Nähe von oder in Wäldern.
- ▷ Beaufsichtigen Sie Ihre Kinder.
- ▷ Vermeiden Sie das Betreten von Ackerland mit Nutztieren. Ihre Anwesenheit kann das Vieh beunruhigen und sogar Ihre eigene Sicherheit gefährden.
- ▷ Betreten Sie kein Farmland, wenn Sie Hunde mit sich führen – auch nicht an der Leine –, es sei denn, Sie haben die Erlaubnis des Landbesitzers.
- ▷ Verwenden Sie immer Tore oder andere gestattete Zugangsmöglichkeiten, hinterlassen Sie diese wie vorgefunden und vermeiden Sie Beschädigungen von Zäunen, Hecken und Mauern.
- ▷ Nehmen Sie Ihren gesamten Müll mit nach Hause.
- ▷ Seien Sie auf Landstraßen besonders vorsichtig.
- ▷ Vermeiden Sie unnötigen Lärm.
- ▷ Schützen Sie Wildtiere, Pflanzen und Bäume.
- ▷ Beachten Sie die Warnschilder, denn sie sind zu Ihrem Schutz da.

Telefon und Internet

Wichtige Landesvorwahlen:

- ▷ Irland: 003 53
- ▷ Deutschland: 00 49
- ▷ Großbritannien/Nordirland: 00 44
- ▷ Schweiz: 00 41
- ▷ Österreich: 00 43

Bei den im Wanderführer genannten Telefonnummern wählen Sie also 003 53 (Vorwahl für Irland), dann ohne weiterführende Null die Ortsvorwahl und dann den gewünschten Anschluss. Telefonzellen sind mittlerweile auch in Irland selten.

In den B&Bs hatten wir kostenloses WiFi. Der Mobilfunkempfang in den Wicklow Mountains ist nicht durchgängig gut; unterwegs ist etwa das Telefonieren nicht immer möglich.

Trinkgeld

Ein Trinkgeld von 10 % ist in Restaurants durchaus üblich, vorausgesetzt, der Service ist nicht bereits ausdrücklich in der Rechnung aufgelistet. In Pubs dagegen wird kein Trinkgeld erwartet; es steht Ihnen natürlich trotzdem frei, einen „tip" zu geben. Bei Taxifahrten wird auf den nächsten Eurobetrag aufgerundet.

Unterkünfte

Nahe dem Wicklow Way finden sich verschiedene Unterkunftsarten. Am beliebtesten sind B&B-Unterkünfte, die preislich interessant und wegen der oft familiären Atmosphäre ein intensiveres Irlandgefühl vermitteln als Hotels. Die Angaben dazu sind so ausführlich wie möglich gehalten. Wo nicht anders angegeben, ist die Buchung einer einzelnen Nacht möglich. Manche B&Bs bieten ein Abendessen an, das häufig speziell für die Gäste zubereitet wird; dies sollten Sie bitte frühzeitig buchen oder vereinbaren.

Abschied vom Pinewood Lodge B&B (5. Etappe)

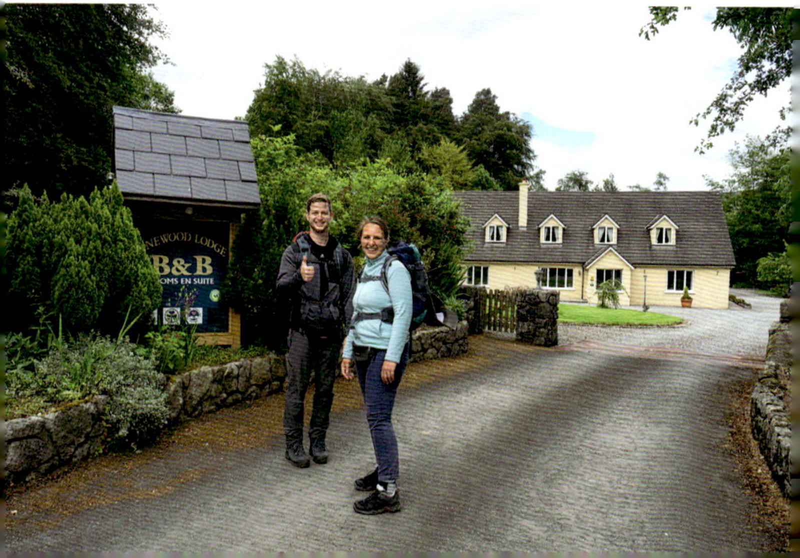

Eine Vielzahl an B&Bs bietet Lunchpakete bei Preisen von € 3 bis € 10,95 an. Die Zusammenstellung der Lunchpakete ist sehr unterschiedlich und sich vorher zu erkundigen, was das angebotene Lunchpaket beinhaltet, ist sicher nicht verkehrt. Die Auflistungen in den Wegbeschreibungen erheben keinen Anspruch auf Vollständigkeit. Sehr viele B&Bs bieten einen Hol- und Bringservice vom und zum Wicklow Way oder in einen nahe gelegenen Ort an. Wenn dies der Fall ist, wurde dies beim jeweiligen B&B vermerkt; bei einigen waren Preisangaben möglich, bei anderen aber nicht, sodass diese selbst individuell abgefragt oder vereinbart werden müssen.

Ferienwohnungen sind beliebt, kommen aber für eine mehrtägige Wanderung auf dem Streckenweg weniger in Frage. Dagegen stehen Hotels, von denen es einige wenige am Wicklow Way gibt, durchaus zur Auswahl.

Hostels (Jugendherbergen) finden sich in Roundwood, Glendalough und Knockree und eingeschränkt in Glenmalure.

Wer zelten möchte, findet unterwegs *shelter huts*, Schutzhütten, die kostenlos direkt am Weg zur Verfügung stehen; außerdem sind einige Hostels und B&Bs, die das Zelten auf ihrem Gelände erlauben, nahe am Weg. Wo dies bekannt ist, habe ich das bei den Beschreibungen vermerkt. Wer auf Privatgelände zelten will, sollte natürlich immer die Zustimmung des Grundstückseigentümers einholen.

Die frühzeitige Buchung ist generell erforderlich, besonders in den Sommermonaten. Die Anzahl an Übernachtungsmöglichkeiten ist eher eingeschränkt. Zudem haben Sie die Kosten, die auf Sie zukommen, vorab besser im Blick. Einzelzimmer sind nur begrenzt vorhanden und auf die einzelne Person gerechnet deutlich teurer.

Weitere Unterkünfte finden Sie auf
www.wicklowway.com/accommodation/index.php.

Updates

Änderungen sind unabdingbar. Der Conrad Stein Verlag veröffentlicht Updates zu diesem Wanderführer, die auch von Lesern eingereicht werden können, auf der Verlagsseite unter www.conrad-stein-verlag.de. Der hier abgebildete QR-Code führt Sie dahin.

Verkehrsmittel unterwegs

Eines vorweg: Bitte rufen Sie vor der Reise unbedingt die aktuellen Abfahrtzeiten auf den Webseiten der Verkehrsmittel ab.

Beispielhaft ist der Wicklow Way Bus, der Ziele am Wicklow Way von Clonegall bis Roundwood ansteuern kann. Es gibt zu viele Möglichkeiten, als dass sie an dieser Stelle umfassend aufgeführt werden können – ein Blick auf die Webseite ist daher wichtig. Die Busse fahren nur nach frühzeitiger Anforderung; eine Planung ist also vonnöten. Eine Broschüre kann als PDF hier heruntergeladen werden: 💻 www.wicklowwaybus.com/Wicklow%20Way%20Bus%20Service%20April%2019.pdf

♦ ☎ 04 04/290 00, 📱 087/817 66 30, 💻 www.wicklowwaybus.com, ✉ info@wicklowwaybus.com

St. Kevins Bus Services verkehrt von Dublin (Haltestelle „St Stephen's Green North") über Bray, Roundwood, Laragh bis Glendalough und zurück. Die Fahrzeit von Dublin bis Glendalough beträgt 1 Std. 20 Min., die erste Abfahrt in Dublin ist um 11:30, erste Abfahrt in Glendalough um 7:00.

♦ ☎ 01/281 81 19, 💻 www.glendaloughbus.com, ✉ info@glendaloughbus.com

Bei den Ortschaften führe ich die bekannten Taxiadressen an, die beispielsweise als Hol- und Bringservice vom und zum Wicklow Way genutzt werden können. Auch hier ist natürlich eine Buchung so frühzeitig wie möglich angebracht.

Mit öffentlichen Verkehrsmitteln konnten wir in Dublin alle Ziele gut erreichen. Bitte denken Sie daran, dass Busfahrer im Stadtverkehr nur Münzen zur Zahlung annehmen, also stets Münzgeld einstecken.

Mit der Taxi-App Free Now (früher myTaxi) haben wir in Dublin schnell ein geeignetes Taxi finden können, 💻 www.free-now.com. Die App kann im Google Play Store und im App Store von Apple kostenlos heruntergeladen werden.

Das gilt auch für Uber, 💻 www.uber.com. Das Unternehmen ist in Dublin aktiv, Fahrten in und um Dublin herum sollten keine Schwierigkeit sein. In Enniskerry dagegen hatten wir Probleme, eine Taxifahrt zu einem gewünschten Punkt am Wicklow Way zu organisieren; vermutlich wäre eine frühzeitigere Bestellung notwendig gewesen.

Die Apps sollten Sie am besten schon zu Hause installieren und die Handhabung in Ruhe durchlesen.

Verkehrsregeln

In Irland gilt Linksverkehr. Für Wanderer ist beim Überqueren der Straßen besonders wichtig, dass der erste kreuzende Verkehr von rechts und nicht von links kommt. Und denken Sie daran, auf der „richtigen" Straßenseite zu gehen, wenn Sie auf der Straße wandern müssen.

Wanderpauschalen

Wir haben unsere zu dritt unternommene Wandertour auf dem Wicklow Way organisieren lassen. Der wichtigste Grund dafür war, dass wir in B&Bs übernachteten und wir diese Aufgabe einem qualifizierten Reiseveranstalter überlassen wollten. Zudem sollte der Gepäcktransport organisiert werden. Der Gepäcktransfer ist bei allen hier vorgeschlagenen Anbietern im Preis enthalten.

Preisangaben mache ich keine, da diese von vielen Faktoren wie Wandertage, Etappenanzahl, Reisezeit und mehr abhängig sind. Die Reiseveranstalter erstellen gerne individuelle Reisepläne mit Preisangaben.

Wir sind mit AbenteuerWege Reisen gereist, wobei dieser Veranstalter zu Macs Adventure zählt, einem ebenso erfahrenen Reiseveranstalter, der in Schottland ansässig ist und natürlich speziell im englischsprachigen Raum gut vernetzt ist. Der Wicklow Way wird bei AbenteuerWege Reisen derzeit in der Nord-Süd-Variante in verkürzter Form von Dublin bis Tinahely angeboten; eine individuelle Gestaltung der Wandertour ist aber problemlos möglich, so wie dies für unsere Wanderung erforderlich war. Die Buchung erfolgte über das im Saarland ansässige Unternehmen, die Kommunikation erfolgte in deutscher Sprache.

Im Preis von AbenteuerWege Reisen und Macs Adventure enthalten sind die Unterkünfte mit Frühstück, der Gepäcktransport und Wanderkarten sowie weiteres Informationsmaterial.

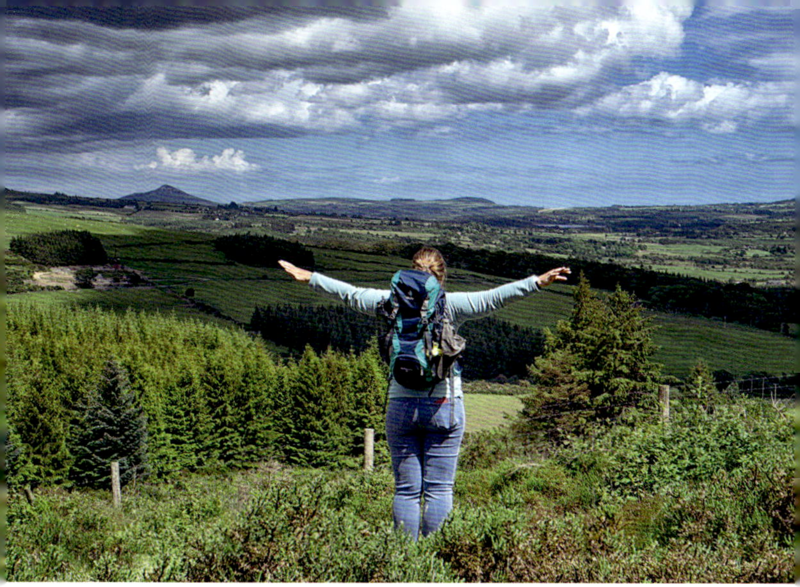

Grenzenlose Weite

- AbenteuerWege Reisen GmbH, Heinrich-Barth-Straße 1-1 a, 66115 Saarbrücken, ☏ 06 81/41 09 76 80, 💻 www.abenteuerwege.de, ✉ info@AbenteuerWege.de
- Macs Adventure, Head Office, Skypark 5, 45 Finnieston Street, Glasgow, G3 8JU, ☏ +44 (0) 141/530 88 86, 💻 www.macsadventure.com, ✉ info@macsadventure.com

Ab 2020 bietet Eurofun Touristik unter dem Markennamen Eurohike auch den Wicklow Way in zwei Varianten an und beide führen von Süden nach Norden. Startpunkte sind entweder Clonegall oder Tinahely, gewandert wird für 8 oder 6 Tage. Im Preis enthalten sind wie üblich die Unterkünfte mit Frühstück, Gepäcktransport, Transfers und ausführliche Reiseunterlagen. Eurofun Touristik ist ein erfahrener, seit 1991 aktiver Reiseveranstalter, der seit 2004 unter dem Namen Eurohike Wanderreisen offeriert.

- Eurofun Touristik, Mühlstraße 20, A-5162 Obertrum, ☏ +43 (0) 62 19/744 41 61, Infohotline D (gratis): ☏ 08 00/588 97 18 💻 www.eurohike.at, ✉ office@eurohike.at

Hillwalk Tours ist ein irischer Reiseveranstalter, der auch über eine deutschsprachige Website verfügt. Die angebotenen Touren auf dem Wicklow Way verlaufen meist auf der Variante von Süden nach Norden (elf verschiedene Variante, von leicht bis anspruchsvoll) und es sind unterschiedliche Start- und Zielorte wählbar. Auch werden verschiedene Etappenlängen vorgeschlagen, sodass die Wanderung auf dem Wicklow Way zwischen 4 und 10 Tagen dauern kann (aber natürlich nicht immer der komplette Wicklow Way gewandert wird). Im Preis enthalten sind die Unterkünfte mit Frühstück, der Gepäcktransport, Karten und Routenbeschreibungen und weiteres Informationsmaterial.

♦ Hillwalk Tours, 6 Galway Technology, Mervue Business Park, Wellpark Road, Galway, H91 A560, ☎ +353 (0) 91/76 39 94, 💻 www.hillwalktours.de, ✉ info@hillwalktours.com.

Footfalls Walking Holidays bietet verschiedene Etappenzusammenstellungen von Süden nach Norden an, beispielsweise von Bunclody oder Rathdrum nach Marlay Park. Unterkünfte, Gepäcktransfer und mehr sind eingeschlossen.

♦ Footfalls Walking Holidays, Trooperstown, Roundwood, ☎+353 (0) 404/451 52, 💻 www.walkinghikingireland.com, ✉ info@walkinghikingireland.com.

IrelandWays.com ist Teil von CaminoWays.com und offeriert Wandertouren nicht nur in Irland. Der Wicklow Way wird von Süden nach Norden angeboten. Unterkünfte, Gepäcktransfer und mehr sind eingeschlossen.

♦ IrelandWays.com, 22 Blackpitts, D08 P3K3, Dublin, ☎ +353 (0) 1/525 28 86, 💻 www.irelandways.com, ✉ info@irelandways.com

Tailor Made Tours stellt drei Varianten mit 6, 8 und 10 Tagen auf dem Wicklow Way zur Auswahl, die bis Enniskerry führen, aber auf Wunsch auch erst im Marlay Park enden können. Unterkünfte, Gepäcktransport und Weiteres sind eingeschlossen.

♦ Tailor Made Walking Tours Ireland, An Tearmann, Church Road, Aghada, Ireland, ☎ +353 (0) 87/334 40 31, 💻 www.tailor-madetours.com, ✉ walking@tailor-madetours.com

Wicklow Way

Der Wicklow Way gehört zu einer ganzen Anzahl an ausgeschilderten Streckenwanderungen in Irland (National Waymarked Trails), die von „The Irish Sports Council" aufgelistet werden. Eine Übersicht der Wander- und Pilgerwege gibt die Seite Irishtrails, 💻 www.irishtrails.ie. Für den Wicklow Way zuständig ist Wicklow County Tourism.

♦ Wicklow County Tourism, Wicklow Enterprise Park, The Murrough, Wicklow Town, ☏ 040/42 00 70, 💻 www.visitwicklow.ie, ✉ info@visitwicklow.ie

Der europäische Fernwanderweg E8 verläuft von Dursey Head im Südwesten Irlands bis nach Svilengrad in Bulgarien; zukünftig soll er am Bosporus enden. Er verläuft deckungsgleich mit dem Wicklow Way.

Auf den beliebtesten Abschnitten werden jährlich um die 24.000 Wanderer gezählt; Laufveranstaltungen auf diesem Wanderweg sind ebenfalls beliebt. Je weiter Sie auf dem Wicklow Way nach Süden gelangen, umso weniger Wanderern werden Sie aber begegnen – dafür nimmt die Zahl der Schafe und Rinder auf den Weiden am Wegesrand zu.

Zwischen Clonegall und Tinahely wandern Sie zu 63 % über Straßen, insgesamt machen asphaltierte Wegstücke rund 40 km der 129 km Gesamtstrecke aus. Das sollten Sie sich vor Augen führen, bevor Sie eine Wanderung auf dem Wicklow Way planen, insbesondere auch im Hinblick auf die Routenplanung und die Auswahl des Startorts und der Etappen.

Schafe säumen unseren Weg auf den Djouce (7. Etappe)

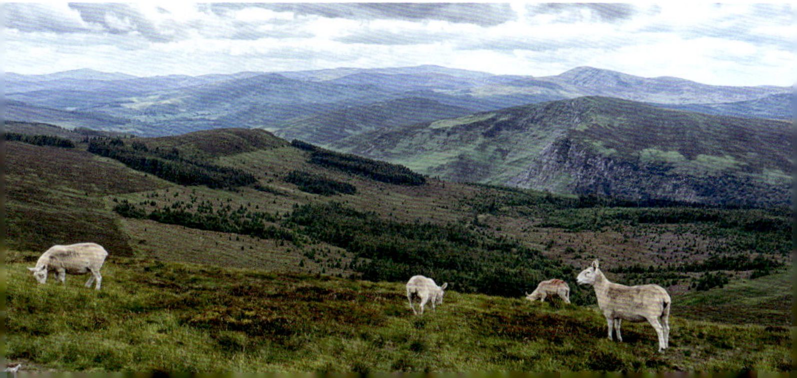

Zeit

In Irland gilt die Greenwich Mean Time (GMT), die von unserer mitteleuropäischen Zeit um eine Stunde abweicht. Stellen Sie also auf Ihrer Hinreise die Uhr um eine Stunde zurück. Berücksichtigen Sie auch bei Tageszeitangaben, dass in Irland die Zeit nicht in einen 24-Stunden-Takt eingeteilt wird, sondern von Mitternacht bis zur Mittagszeit um 12 Uhr von a.m. (lateinisch für „ante meridiem") und nach 12 Uhr von p.m. (lateinisch für „post meridiem") gesprochen wird.

Zelten

Auf dem Wicklow Way finden Sie drei Hütten (☞ Näheres zu den *shelter huts* in der 4. Etappe). Hinzu kommen drei Hostels. Campen ist im Gebiet des Glendalough National Park speziell im Glendalough Valley nicht erlaubt, darüber hinaus ist es erlaubt. Bitte beachten Sie den „Wild Camping Code" unter 💻 www.wicklowmountainsnationalpark.ie/getting-here/accommodation nicht nur hier, sondern überall.

In den Wäldern von Coillte (☞ Näheres zu Coillte in der 1. Etappe) ist Zelten erlaubt. Ansonsten führt der Wicklow Way weitgehend über privates Land. Wildes Zelten ist also nur mit der Erlaubnis des Grundeigentümers rechtmäßig.

Mein Fragenkatalog an die B&Bs enthielt auch die Erkundigung, ob Campieren auf dem zum Haus gehörenden Gelände gestattet ist; wo dies bejaht wurde, habe ich es beim jeweiligen B&B angeführt.

Wer die Schutzhütten und Hostels nutzen will, kann fehlende Gelegenheiten zum Zelten überbrücken. Ich führe die Abstände zu diesen Optionen, beginnend in Clonegall nach Norden und auf die Gesamtstrecke von 129 km bezogen, wie folgt in Kilometerständen auf:

- ▷ Mucklagh Hut (Schutzhütte) — km 54,9 (von Clonegall)
- ▷ Mullacor Shelter Hut (Schutzhütte) — km 68,4
- ▷ Glendalough International Hostel — km 78,9
- ▷ Brusher Gap Hut (Schutzhütte) — km 84,3
- ▷ Lus Mór Hostel nahe Roundwood — km 94,5
- ▷ Knockree Hostel — km 108,9

Der Wicklow Way

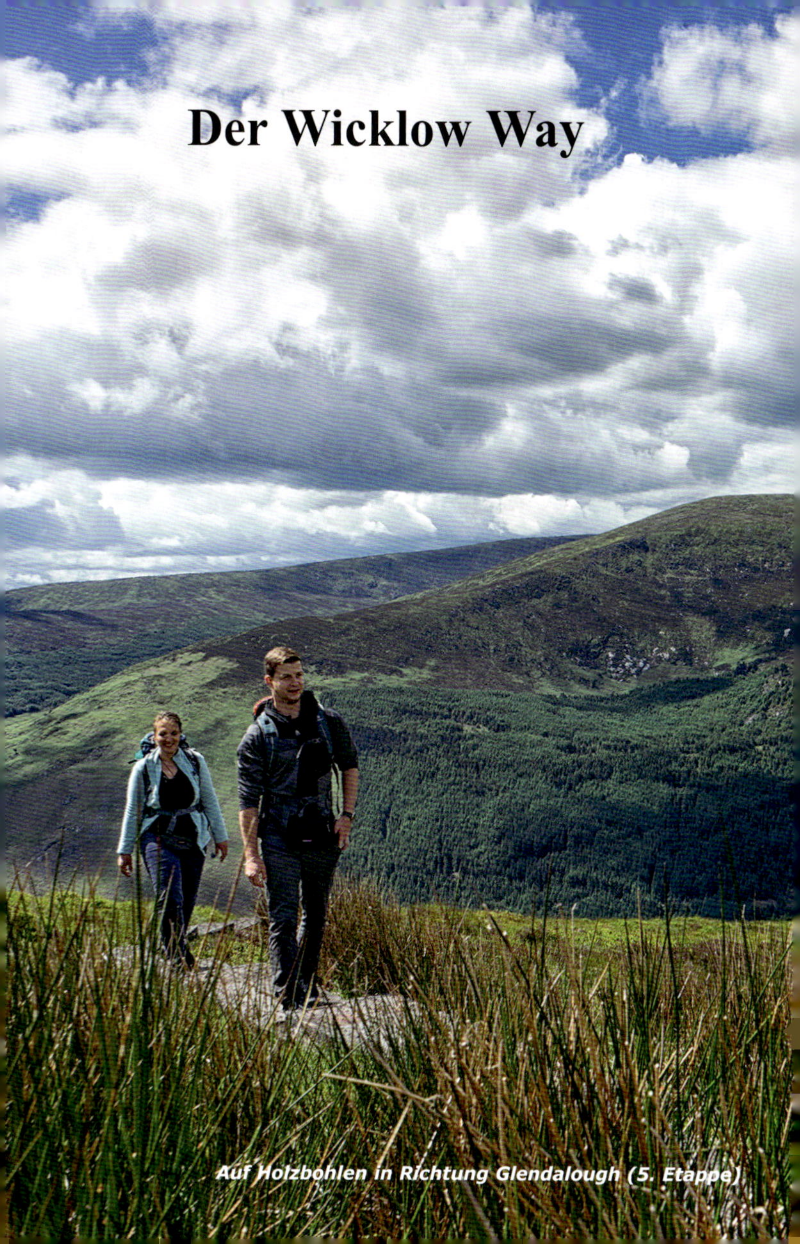

Auf Holzbohlen in Richtung Glendalough (5. Etappe)

Wer von Clonegall (häufig auch „Clonegal“ geschrieben) startet, wird in aller Regel mit dem Bus vom Flughafen in Dublin dorthin gelangen. Eine Übernachtung vor dem Start der Wandertour ist dann obligatorisch, weil die Anreise ihre Zeit beansprucht. Wer nicht direkt in Clonegall übernachtet, wird auf die naheliegenden Ortschaften wie Bunclody ausweichen. Wir verbrachten unsere erste Nacht auf dem Wicklow Way im Millview House in Bunclody.

Blick vom Millview House B&B

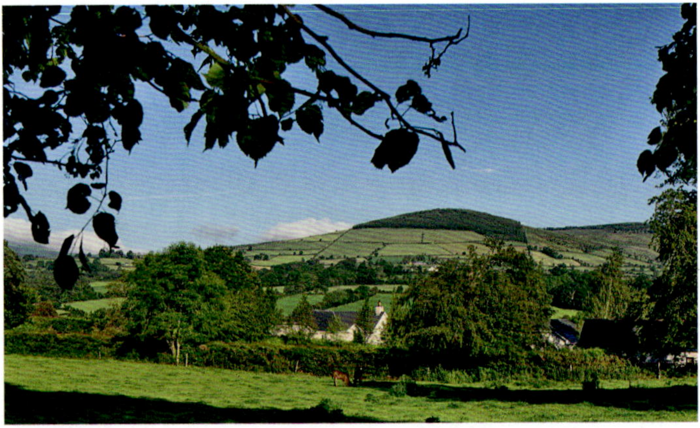

Bunclody

B&B BANK

B&B Millview House B&B, Elizabeth und James Breen, Mill Road, Bunclody, 053/937 77 79, www.millhouseview.ie (bei Redaktionsschluss, voraussichtlich nur temporär, nicht erreichbar), reservation@millviewhouse.ie, ÜF EZ € 50, DZ € 80, ganzjährig außer Dezember, komplettes irisches und kontinentales Frühstück, Lunchpaket (Sandwich), Hol- und Bringservice zum Wicklow Way in Clonegall € 10, kostenlos nach Bunclody. Liz und Jim waren sehr nette Gastgeber. Jim fuhr uns abends noch fürs Abendessen zum Marktplatz, was für uns nach der anstrengenden Hinreise angenehm war. Die Zimmer sind hübsch und das Haus liegt abseits von Durchgangsstraßen. Im Außenbereich sitzen Sie nicht nur sehr schön, sondern haben einen guten Blick auf die Blackstairs Mountains (irisch: *Na Staighrí Dubha*). Jim brachte uns am nächsten Morgen zur gewünschten Uhrzeit zügig nach Clonegall zum Startpunkt des Wicklow Way.

- Meadowside B&B, Phil Kinsella, Ryland Street, Bunclody, ☏ 053/937 62 26, www.wicklowway.com (keine eigene Website), meadowside@ymail.com, ÜF EZ € 50, DZ € 80, ganzjährig außer 22. Dez-01. Jan, komplettes irisches Frühstück, Taxi zum Wicklow Way für € 5 pro Person bei mehreren Fahrgästen und € 8 für eine einzelne Person, freies WiFi, Launderette und Eurospar für Lunchpakete und Bushaltestelle 2 Min. entfernt

Aldi, Ryland Road, Bunclody, Mo-Fr 9:00-22:00 u. Sa-So 9:00-21:00
- Eurospar, Market Square, Bunclody, ☏ 053/937 42 00, Mo-Sa 7:00-23:00 u. So 8:00-22:00
- SuperValu, Carrigduff, Bunclody, ☏ 053/937 67 44, www.supervalu.ie, Mo-So 8:00-21:00

BANK Bank of Ireland, Ryland Road, Bunclody, ☏ 053/937 71 57, Mo-Fr 10:00-12:30 u. 13:30-16:00

Post Office, Main Street, Bunclody, ☏ 053/937 71 01, Mo-Fr 9:00-17:30, Sa 9:00-13:00

Sam McCauley's, Market Square, Bunclody, ☏ 053/937 78 00, bunclody@smcc.ie, Mo-Sa 9:00-18:00

Pottersway Medical Centre, 16 Main St, Carrigduff, Bunclody, ☏ 053/937 71 24, Mo-Sa 9:00-0:00

Bus Éireann, Bus 132 von Dublin nach Rosslare Harbour, www.buseireann.ie

Gus Murphy, Mini-Bus + Taxi, ☏ 054/889 04, 087/979 00 50
- Clody Cabs, 087/983 33 04
- Joe's Cabs, 086/401 46 90

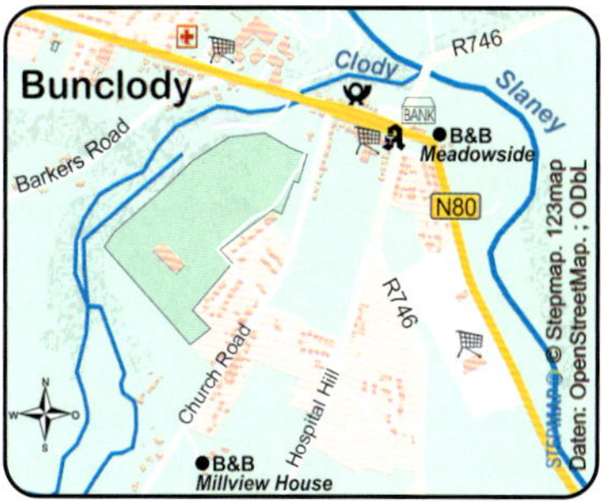

In Bunclody (irisch: *Bun Clóidí*) finden Sie ausreichend viele Einkaufsmöglichkeiten wie SuperValu, Eurospar oder Aldi vor. Im Ort leben rund 2.300 Menschen, auch die ärztliche Versorgung ist sichergestellt und eine Apotheke im Ort. Bunclody liegt in der Grafschaft Wexford am Ufer des Flusses Slaney und wuchs aus einem Weiler zu einer ansehnlichen Gemeinde heran. 1798 fand der „Battle of Bunclody" statt, als 5.000 Rebellen die Garnison in Bunclody angriffen. Die United Irishmen verloren 400 Kämpfer, während die britische Armee weniger als zehn Tote beklagte. Die Entfernung zum Wicklow Way beträgt 5 km.

Clonegall

B&B

B&B Carraig B&B, Sheila and Joe Kirwan, Carraig, Kilcarry, Clonegall, ☏ 053/937 77 42, 087/763 45 10, www.wicklowway.com (keine eigene Website), sheila@clonegalaccommodation.com, ÜF EZ € 45, DZ und Zweibettzimmer € 70, 1. März-31. Okt, komplettes irisches Frühstück, außerdem Müsli und Porridge mit Früchten und Joghurt, selbst gebackenes Sodabrot und Toast, Vegetarier und Veganer willkommen, Lunchpaket, Abendessen auf Vorbestellung, 2-Gang oder 4-Gang für € 12 und € 18, kostenloser Hol- und Bringservice zum Wicklow Way in Clonegall oder zum Bus in Kildavin, Gepäcktransport zum nächsten Aufenthalt möglich, Bezahlung nach Entfernung, Waschmaschine und Trockner für € 5 je Füllladung, Möglichkeit zum Trocknen von Schuhen und Kleidung, Außenbereich zum Sitzen, WiFi

♦ B&B Teach Naoimh Antoin, Kathleen und William Whelan, Monaughrim, Clonegall, ☏ 053/872 98 70 51, whelankay11@gmail.com, ÜF EZ € 55, DZ € 70, ganzjährig, Lunchpakete, Abendessen für € 12, Hol- und Bringservice gegen Gebühr, kleine Mengen Wäsche für € 5 waschen und trocknen, Zelten beim B&B möglich, € 20 pro Nacht einschl. Duschen. Das B&B liegt 4 km nördlich von Clonegall in Richtung Ardattin.

nächste Haltestelle in ☞ Bunclody (!), dort Bus Éireann, Bus 132 nach Dublin oder Rosslare Harbour, www.buseireann.ie

Gus Murphy, Mini-Bus + Taxi, ☏ 054/8 89 04, 087/979 00 50

♦ Clody Cabs, 087/983 33 04

♦ Joe's Cabs, 086/401 46 90

Die Übernachtungsmöglichkeiten in Clonegall (irisch: *Cluain na nGall*) sind sehr eingeschränkt, aber wenn Sie ein B&B dort gebucht haben, dann starten Sie mit der Wanderung auf dem Wicklow Way natürlich fast vor der Haustür.

Sie starten die 1. Etappe des Wicklow Way mitten im pittoresken Dorf Clonegall, das im Südosten der Grafschaft Carlow zwischen den Blackstairs Mountains und den Wicklow Mountains liegt. Wegen seiner schönen Lage wird der um die 300 Einwohner zählende Ort auch die „Schweiz Irlands" genannt. Sehenswert ist das nahe dem Dorf gelegene Huntington Castle (auch bekannt als Clonegal Castle), das in seiner jetzigen Form im Jahr 1625 errichtet wurde.

1. Etappe: Clonegall – Shillelagh

➲ 19,9 km (➲ 16,9 km ohne Zuwege), ⌛ 5 Std. 30 Min. (⌛ 4 Std. 45 Min. ohne Zuwege), ↑ 425 m, ↓ 415 m (↑ 420 m, ↓ 232 m ohne Zuwege), ⇧ 46-359 m (⇧ 46-359 m ohne Zuwege)

0,0 km	⇧ 52 m	Parkanlage mit Informationstafel in Clonegall B&B
3,0 km	⇧ 58 m	County Wicklow Bridge
6,6 km	⇧ 252 m	Rastmöglichkeit
12,3 km	⇧ 194 m	Abstecher Aghowle Church
12,9 km	⇧ 232 m	Abstecher Egan's Bar
13,8 km	⇧ 353 m	Rast auf Felsen
14,9 km	⇧ 333 m	Raheenakit Forest
17,0 km	⇧ 245 m	Abzweig nach Shillelagh (Verlassen des Wicklow Way)
19,9 km	⇧ 65 m	Shillelagh (The Olde Shillelagh B&B) B&B

Der Wicklow Way führt von Clonegall aus durch eine weite Wiesen- und Weidelandschaft. Gemächlich steigt der Wanderweg an, derweil Sie sich dem Urelands Hill langsam nähern. Sie überqueren die unsichtbare Grenze zwischen den Grafschaften Carlow und Wicklow, tauchen zum ersten Mal in einen Fichtenwald ein und wandern später rund um den Moylisha Hill. Sie können auf der ruhigen Wanderung mit der Aghowle Church eine alte Kirchenruine abseits des Wegs besuchen, bevor Sie den letzten Anstieg meistern. Der belohnt Sie mit schönen Aussichten und vielleicht einer Rast auf einem robusten Felsen. Durch den Raheenakit Forest erreichen Sie Ihr Tagesziel nicht allzu weit entfernt von Shillelagh.

Den offiziellen Startpunkt des Wanderwegs finden Sie in einer kleinen Parkanlage an der Kreuzung von der L2021, L2024 und L6049. Sicher lassen Sie es sich nicht nehmen, spätestens hier an der großen Informationstafel das erste Foto Ihrer Wandertour zu machen (☞ Seite 10). Sobald Sie sich von der schmucken Parkanlage lösen können, werden Sie erstmals Ihrem von nun an treuen Begleiter begegnen – dem Wegweiser zum Wicklow Way, ein gelber Pfeil und ein gelber Wanderer, der Ihnen – gemalt beispielsweise auf einen schwarzen Holzpfosten – zeigt, wo es langgeht.

Sie folgen ihm nach dem Verlassen des Parks nach rechts und wählen gleich den ersten Abzweig rechts zur L6049. Auf dem ersten Wegstück

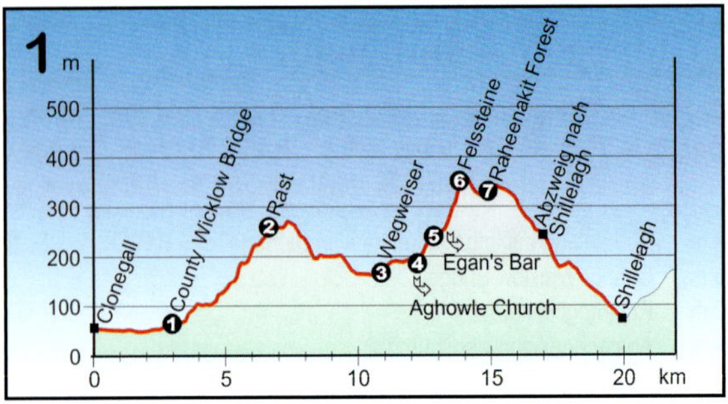

werden Ihre Wanderschuhe mit asphaltiertem Untergrund Bekanntschaft schließen. Was sich wie hartes Brot für die Wandererseele anhört, wird versüßt durch die munter bevölkerten Viehweiden. Von denen wird die schmale Straße links und rechts gesäumt, sobald Sie schon nach rund 500 m die letzten Häuser von Clonegall hinter sich lassen. Sie müssen das Weidevieh auch gar nicht hinter den dichten Hecken sehen, denn Sie werden es an den ersten Tagen beinahe auf Schritt und Tritt muhen oder blöken hören.

Mannshohe Hecken säumen die Straße, mit zart blühenden Heckenrosen veredelt. Diese erweisen sich besonders in den Straßenkurven als störend, da eine gute Sicht dann fehlt. Wir wechselten daher öfter die Straßenseite, damit die Autofahrer uns frühzeitig sehen konnten. Nebenher gewinnen Sie sicher feine Blicke über den kleinen Fluss Derry zu den sanft ansteigenden, von Windrädern gekrönten Höhen des Gibbet Hill, von dem die in zahllose Parzellen eingeteilten Wiesenflächen und Weidegründe rechter Hand eingegrenzt werden.

Nach rund 2 km gabelt sich die Straße. Sie halten sich rechts und folgen weiterhin der L6049. Hin und wieder schieben sich neben der Fahrbahn Wohnhäuser oder Farmgebäude ins Blickfeld und nicht selten werden Ihnen Hunde aufmunternd zubellen. Wundern Sie sich nicht, dass mancher Hund gehorsam auf dem Hofgelände bleibt und die Straße nicht betritt oder Ihnen hinterherläuft, obgleich die Zugangstore selten verschlossen sind. Später erfuhren wir, dass einige Hundebesitzer einen „unsichtbaren Hundezaun“ benutzen, der den Hund unter Zuhilfenahme eines sogenannten „Erziehungshalsbands“ konditioniert. Dazu muss sich jeder selbst Gedanken machen ...

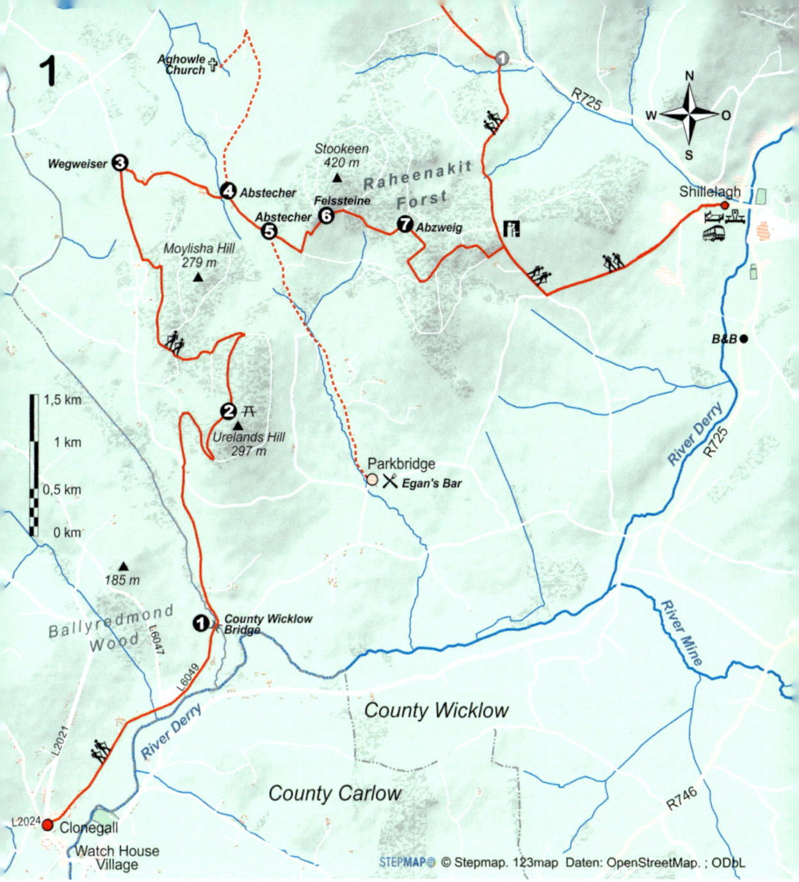

1 km weiter überqueren Sie die unscheinbare County Wicklow Bridge ❶ und orientieren sich an der nächsten Straßengabelung nach links auf eine Nebenstraße. Jetzt verlassen Sie die Grafschaft Carlow und betreten die Grafschaft Wicklow. Sie ziehen mit der schmalen Straße den sanften Anstieg hinauf, der bald eben und ähnlich wie in einer Baumallee unter schützendem Blätterdach weiterläuft. Ihr Weg schwingt sich noch einmal leicht auf und belohnt Sie ab und zu mit schönen Aussichten über den Ballyredmond Wood hinaus zu den in der Ferne emporragenden Blackstairs Mountains mit dem 796 m hohen Mount Leinster im Südwesten. Die

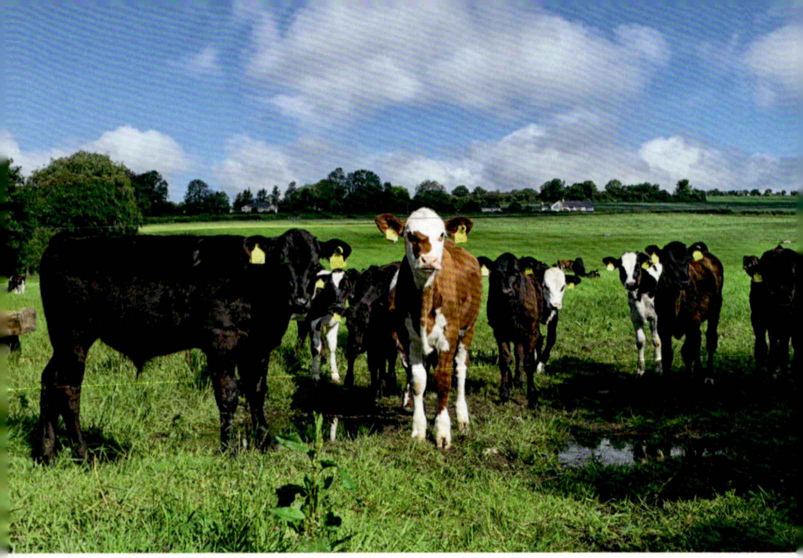

Zaungäste

Blackstairs Mountains verlaufen entlang der Grenze der beiden Grafschaften Carlow und Wexford, Mount Leinster ist einer der zwanzig höchsten Berge in Irland.

Sie erreichen etwa 2 km nach der Straßengabelung eine nächste Straße, wenden sich hier nach links, verlassen aber die Straße nach knapp 50 m wieder und wechseln rechts auf einen bald leicht ansteigenden Feldweg. 300 m weiter finden Sie sich zum ersten Mal in einem Waldstück wieder. Entlang von kleinen, manchmal auch von den Hügeln hinabsprudelnden Bächen zieht es Sie nun zügig entlang des Urelands Hill aufwärts; der Newry Forest ist durchsetzt mit Farngewächsen.

Gut 200 m nach den ersten Bäumen halten Sie sich an einer Weggabelung rechts, folgen der Rechtskurve weiter durch den lichten Wald und orientieren sich nach 700 m an der folgenden Gabelung links. Nach schönen Ausblicken abermals bis zu den Blackstairs Mountains zieht der Wicklow Way durch Wald. An offenen Flächen überraschen bunte Wiesenblumen und nicht selten gluckern Bächlein von den Höhen ins Tal.

Vielleicht nutzen auch Sie einen der von Bäumen befreiten Flecken, die 600 m nach der letzten Weggabelung beginnen, zu einer ersten Rast ❷ und lassen sich den Wind um die Ohren wehen. Danach folgen Sie weiter dem sich nach oben windenden Weg, der Sie unterhalb der Bergspitze wieder in bewaldetes Terrain führt. Eine erneute Weggabelung bringt Sie scharf links. Der Wicklow Way schleift nun gemächlich abwärts, einige Male verbunden mit weiten Aussichten. Nach 500 m halten Sie sich an einer weiteren Weggabelung rechts.

1,5 km nach dieser Weggabelung treffen Sie unterhalb des 279 m hohen Moylisha Hill auf einen quer laufenden Waldweg, dem Sie sich nach links anschließen und der Sie bald zu einer Wegschranke führt. Gleich darauf erreichen Sie die Landstraße. Halten Sie sich rechts und wandern Sie wie immer umsichtig für 1 km mit kaum merklichem Auf und Ab. An einer Straßeneinmündung orientieren Sie sich beim gut sichtbaren Wegweiser rechts **❸.**

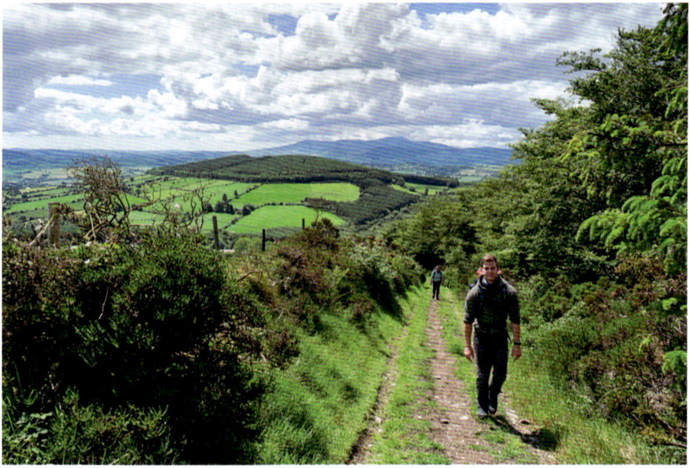

Auch der Wicklow Way kann Anstieg

Weiterhin stapfen die Wanderschuhe über asphaltierten Straßenbelag. Die leicht ansteigende Strecke wird ummantelt von den wohlbekannten Hecken und Sträuchern, die bei den gelegentlich auftauchenden Häusern und Höfen für entspannende Weitsichten über das Umland Platz machen.

Wie so häufig begleiten munter grasende und neugierig äugende Schafe oder Rinder Ihre Schritte. Das kommt dem Idealbild vom typisch irischen Landleben sehr nahe.

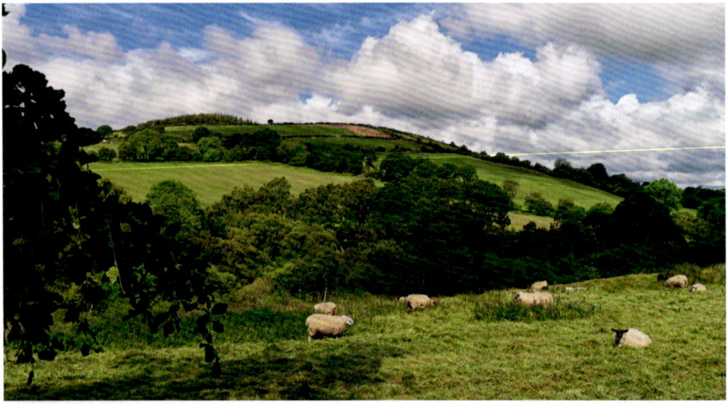

Typisch irisches Landschaftsbild

Schafe

Die Schafzucht wird häufig in Gebieten ausgeübt, die beim Ackerbau wenig Ertrag abwerfen oder auch für eine profitable Rinderzucht nicht geeignet sind. Die Farmer haben hier häufig Zugang zu großen Weideflächen, besonders in den bergigen Regionen. In und bei den Wicklow Mountains treffen Sie hauptsächlich Schafe der Rasse Cheviot mit ihren markanten weißen Gesichtern an. Diese Bergschafrasse stammt aus den Cheviot Hills in Schottland, nahe an der Grenze zu England. Die Schafe sind genügsam und robust und damit gut geeignet für das oft raue Klima in der Region. Die Schafe werden im Frühsommer geschoren. Die Wolle ist strapazierfähig und wird für Teppiche oder für technische Zwecke verwendet. Lange Zeit wurde die Schafzucht durch die EU bezuschusst. Das führte zu großen Beständen und mancherorts zur Überweidung.

Nach 1,5 km gelangen Sie zu einer Straßengabelung, wo Sie rechts dem Wicklow Way weiter folgen, während Sie vielleicht eine Handvoll Esel voller Neugier betrachtet.

↳ Wer möchte, kann an diesem Punkt ❹ einen ersten Abstecher zu den Ruinen der Aghowle Church einfügen. Dazu wenden Sie sich an der Gabelung nach links in Richtung Aghowle. Nach 1,9 km halten Sie sich wieder links und folgen dem asphaltierten Weg hinunter zum Gemäuer. Später werden Sie dieselbe Strecke mit ihren rund 70 Höhenmetern wieder zurück zum Wicklow Way überwinden müssen.

✞ Aghowle Church

St Finnian gründete im 6. Jahrhundert bei Aghowle eines der frühesten Klöster in Irland. Wegen der nicht geringen Zahl Mönche in Aghowle ließ er eine große, aus Holz gefertigte Kirche erbauen. Um das Jahr 1100 wurde die Holzkirche durch das Bauwerk ersetzt, von dem noch heute Überreste zu sehen sind. Bis etwa 1716 diente die Kirche der Church of Ireland. Die Westtür der Kirche gilt als eines der schönsten Beispiele gälisch-römischer Baukunst in Irland. Auf dem Friedhof finden sich einige alte Grabsteine. Im Nordosten steht St Finden's Cross, ein keltisches Kreuz aus Granit, das vermutlich im 10. Jahrhundert errichtet wurde. Im Südosten versteckt sich ein rund 2 m langer *bullaun stone* (☞ S. 104) mit vier kleinen Wasserbecken.

Der Wicklow Way führt Sie nun zügig bergan. 600 m nach der Weggabelung wechseln Sie nach links auf einen Feldweg ❺.

↳ Wenn Sie sich hier rechts halten, gelangen Sie nach 2,9 km nach Parkbridge und zu Egan's Bar. Sie müssen Ihr Guinness oder Smithwick's im Pub nicht nur in Euro, sondern auch mit einem doch recht langen Rückweg bezahlen – wenn Sie sich im Pub kein Taxi bestellen lassen, das Sie bequem auf den rechten Pfad zurückführt.

✕ Egan's Bar, Mary und Laurence Egan, Parkbridge, Clonegall, Enniscorthy, 📱 087/652 75 69, 💻 www.egansbar.com, ✉ mareegan3@gmail.com, 🚪 Mo-Sa 10:00-0:30, So 12:30-23:30, regelmäßig traditionell irische Musik und Folkmusik, Pizza, Drinks, Tee und Kaffee, kleine Gerichte

Nach weiteren 200 m an oft mit grünem Moos überwucherten Steinmauern entlang heißt es für Sie nach einem linker Hand stehenden

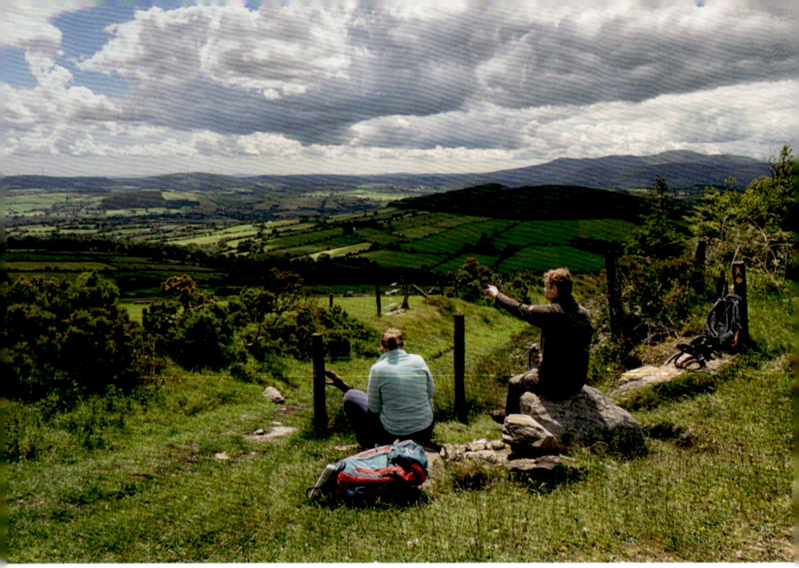

Wer rastet, der genießt

Wohnhaus: Luft holen! Zum ersten Mal zeigt der Wicklow Way anschließend, dass er auch mit atemraubenden Anstiegen aufwarten kann. Sie orientieren sich am Abzweig links in den Hang hinein. Für 600 m streunen Sie dann entlang von Wacholder- und Ginsterbüschen hinauf. Und wenn Sie zurückschauen, werden Sie bereits die ersten offenen Blicke über das Umland verzeichnen. Die Aussichten können Sie oben, wenn der stellenweise steinige Weg in einen fußschmeichelnden Grasweg übergeht, bei einer Rast mit ganzer Seele genießen. Vielleicht setzen Sie sich zur Verschnaufpause auf einen der massiven Felssteine ❻.

Danach geht es rechts auf dem Forstweg weiter, der Sie bis zu einer Weggabelung an Fichten vorbeiführt. Hier wenden Sie sich nach rechts. Sie haben nach dem leichten Anstieg bei der Weggabelung unterhalb des 420 m hohen Stookeen den höchsten Punkt der Etappe gemeistert. Nun wandern Sie erst an einem kahl geschlagenen Waldstück entlang, später für eine kurze Passage durch Fichtenwald.

Sie folgen dabei dem Hauptweg, verlassen dann das Waldstück und sehen sich wieder mit den aktiven Waldarbeiten in den irischen Coillte-Wäldern konfrontiert.

Coillte

Coillte (es bedeutet „Wälder“) ist ein kommerzielles Forstunternehmen im Besitz des Staates Irland. Es verwaltet mit 440.000 ha rund 7 % des Landes. Coillte betreibt drei Unternehmen: die traditionelle Forstwirtschaft als Kerngeschäft, als Verwalter der irischen Wälder einen Firmenzweig für den Erwerb und Verkauf von Grundstücken, und mit „Mediate Smartply“ eine Firma für die Herstellung von Holzplatten.

Die Forstwirtschaft in Irland blickt auf eine fast 100-jährige Geschichte zurück. Im Forstsektor arbeiten rund 12.000 Menschen. Coillte ist in wichtigen Bereichen wie erneuerbare Energien, industrielle Entwicklung oder Tourismus tätig. Bereits im Jahr 2019 sollten durch die Windparks mehr als 300.000 Haushalte mit Strom versorgt werden.

Der Wicklow Way führt sehr häufig durch Waldgebiete, die von Coillte verwaltet werden. Coillte weist jeweils mit Tafeln darauf hin, sobald Sie auf einer der rund 3.000 km messenden Wanderstrecken durch einen Wald von Coillte laufen. Zahlreiche dieser Strecken sind markierte Wanderwege und dazu gehörende Park- und Picknickplätze laden den Wanderer ein. Auf dem Wicklow Way werden Sie sicher zur Zeit Ihrer Wanderungen hier und da Forstarbeiter von Coillte bei Fäll- und Rückearbeiten oder Neuanpflanzungen beobachten.

Der gut ausgeschilderte Wicklow Way geleitet Sie entlang des kahl geräumten Areals, das zum Raheenakit Forest gehört und das Ihnen gleichwohl im leichten Abwärts feine Ausblicke gönnt; zur linken Seite flankieren Fichten den Weg. Später halten Sie sich an einem Abzweig im Raheenakit Forst ❼ rechts, 300 m weiter erneut rechts. Sie folgen dem Wicklow Way vorbei an neu angepflanzten Fichtenbäumchen und der Weg beschreibt einen scharfen Linksschwenk. 300 m darauf treffen Sie auf die nächste Weggabelung, der Sie nach links folgen. Danach passieren Sie eine Weggabelung, an der Sie sich geradeaus orientieren. 400 m nach dieser Weggabelung wandern Sie rechts den Hang hinunter, stoßen nach gut 300 m auf einen quer laufenden Waldweg und legen auf dem nach links verlaufenden Weg 200 m zurück.

Der Wicklow Way passiert nun eine Wegschranke. Sie treffen auf eine asphaltierte Straße. Hier verlassen Sie den Wicklow Way für den heutigen

Tag. Sie werden Morgen an diesen Ort zurückkehren und wieder in den Wicklow Way einsteigen.

Nach der Wegschranke bei der wenig befahrenen Straße ist ausreichend Platz, dass ein Fahrzeug halten und Sie ein- oder aussteigen können, wenn Sie sich abholen bzw. bringen lassen wollen.

Wollen Sie aber zu Fuß zu Ihrer Unterkunft nach Shillelagh wandern, wenden Sie nach rechts und gehen nun stramm den Berg hinunter. Nach 700 m erreichen Sie bei einigen Wohnhäusern die Ballard Crossroads, eine Straßenkreuzung. Sie orientieren sich nach links in Richtung Shillelagh.

Der pittoreske Ort kündigt sich bereits früh durch eine Handvoll Wohngebäude an, bevor Sie das Ortsschild nach einem guten Kilometer entlang der Straße willkommen heißt. Ab und zu können Sie einen Bürgersteig nutzen, ansonsten achten Sie natürlich auf den eher mäßigen Autoverkehr. Sie nähern sich der Ortsmitte, passieren den Friedhof und die Kirche und entdecken direkt bei der Tankstelle einen Take-away-Laden und einen Mini Mart, den Sie später zum Einkauf nutzen können. Sie folgen der Straße rechts. Auf der anderen Straßenseite findet sich in einem kleinen Park eine Statue zum Shillelagh Stick mit Informationstafeln. Wenige Meter danach sehen Sie nicht nur Kenny's Bar & Lounge, sondern gleich darauf auch das Olde Shillelagh. Die Schaufensterauslage vom Olde Shillelagh ist bestückt mit dem besagten Stock (☞ Seite 62), der im Laden auch käuflich erworben werden kann. Im gleichen Gebäudekomplex befindet sich das Guest House.

Das erste Pint bei Kelly's Bar in Shillelagh

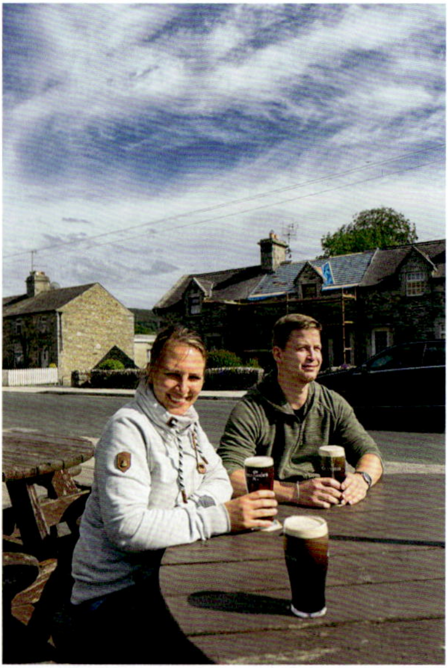

Shillelagh

B&B

Kenny's Bar & Lounge, Main Street, Shillelagh, 087/315 04 48, centralhouserooms@gmail.com, Ü EZ € 48, täglich, keine Mahlzeiten, 2 (geplant: 4) Gästezimmer vorhanden, Frühstück kann aber selbst zubereitet werden, Hol- und Bringservice zum Wicklow Way kostenlos. Wir nutzten das warme Wetter und tranken hier ein kühles Pint auf den robusten Sitzplätzen im Außenbereich.

B&B Olde Shillelagh Guest House, Liz & Liam Kealy, Main Street, Shillelagh, 053/942 91 13, 087/981 93 93, www.oldeshillelagh.com/bed-breakfast, ocaidhla@gmail.com, ÜF EZ und DZ € 80, ganzjährig, komplettes irisches Frühstück, auf Wunsch vegetarisches Frühstück, Hol- und Bringservice etwa € 10-15 (je nach Entfernung). Liz beherbergte uns sehr freundlich. Die Zimmer befinden sich in einem hübsch gestalteten Nebengebäude mit einem kleinen Garten, der zum Draußensitzen einlädt. Die Zimmer sind nett eingerichtet und verfügen über jeweils einen separaten Eingang in den Garten. Wir fühlten uns sehr wohl dort und wurden von Liz am Morgen für eine vereinbarte Gebühr zum gewünschten Einstiegspunkt in den Wicklow Way gefahren.

♦ Hunter's Lodge B&B, Philomena Dillon, Deerpark, Shillelagh, 087/416 01 34, ÜF EZ 55, DZ € 70, ganzjährig, Lunchpakete, Abendessen € 12-15, Hol- und Bringservice. Das B&B liegt 2 km südlich von Shillelagh an der R725.

Shillelagh Post Office, 3 Main Street, Shillelagh, 053/942 91 01, Mo-Fr 9:00-13:00 u. 14:00-17:00, Sa 9:00-13:00

Bus Éireann, Bus 132 von Dublin nach Rosslare, www.buseireann.ie

Matt Cousins & so, Taxi-Bus nach Gorey, 053/943 07 67

♦ Coolatin Cabs, 087/976 92 00

♦ Buggy (Pat) Murphy, 087/946 99 78

Im „Book of Leinster“ wurde das Gebiet um Shillelagh als Domäne des Clans „Sil Mella“ genannt. Das prachtvolle Buch entstand Mitte des 12. Jahrhunderts und wird heute im Trinity College in Dublin aufbewahrt. Im 8. Jahrhundert wurde Élothach Mac Fáelchon ihr Anführer. Das heute noch bestehende Dorf Shillelagh (irisch: *Síol Éalaigh*) mit seinen 337 Einwohnern wurde im 17. Jahrhundert als Teil des Anwesens der FitzWilliams gegründet. Der Fluss Derry fließt durch den Ort – Sie werden ihm auf dem Wicklow Way auf der nächsten Etappe erneut begegnen.

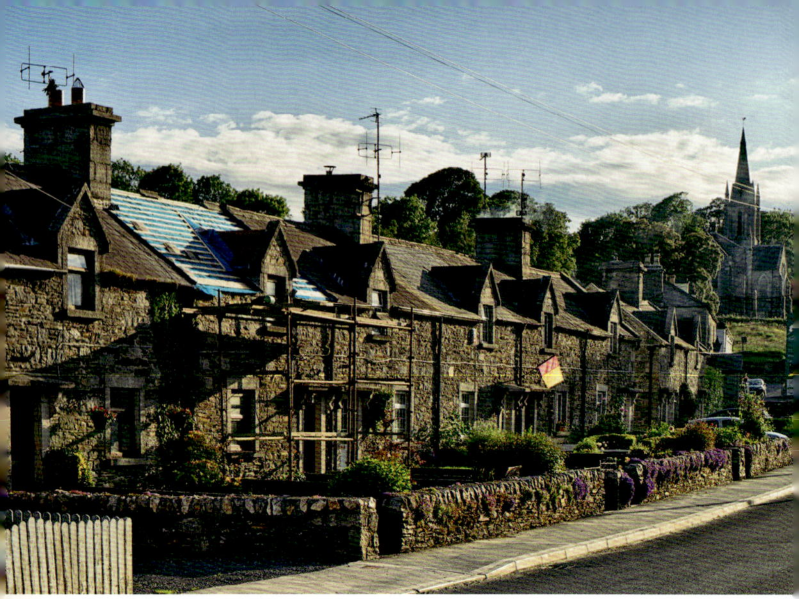

Die Main Street in Shillelagh

Berühmt ist das Dorf für den Shillelagh Stick genannten Schwarzdornstab, der auch unter anderen Namen bekannt ist (beispielsweise *bata* auf Gälisch, was Kampfstock bedeutet). Shillelagh-Kampfstöcke wurden oft als zweihändige Kampfstäbe verwendet. Bis ins 19. Jahrhundert war der irische Stockkampf beliebt, wobei mit dem Wurzelknoten geblockt oder geschlagen und mit dem Stockschaft die Luft abgedrückt wurde. Besonders bei den Gangs irischer Einwanderer in New York waren sie populär. Später wurde ein Shillelagh eher als Spazierstock verwendet oder als Andenken erworben. Eine Variante ist der „lucky charm", der in den Wäldern als Markierung aufgehangen wurde. Natürlich spielte auch die irische Sagenwelt eine Rolle: Die „lucky charms" wurden am Hauseingang aufgehangen, um die Scherze und den Unfug von Feen und Kobolden zu unterbinden.

Traditionell wird ein Shillelagh aus dem Holz des Schwarzdornbuschs gefertigt, weil es stabil und biegsam ist und in der Region viele dieser Büsche wachsen. In früheren Zeiten besaß der Schwarzdornbusch zudem einen religiösen Stellenwert. Das Brauchtum um den Shillelagh geriet aber später in Vergessenheit.

2. Etappe: Shillelagh – Tinahely

➲ 25,0 km (➲ 19,1 km ohne Zuwege), ⌛ 7 Std. (⌛ 5 Std. 15 Min. ohne Zuwege), ↑ 620 m, ↓ 586 m (↑ 428 m, ↓ 440 m ohne Zuwege), ⇧ 65-266 m (⇧ 113-266 m ohne Zuwege)

0,0 km	⇧ 65 m	Shillelagh (The Olde Shillelagh B&B) B&B
2,9 km	⇧ 245 m	Abzweig am Raheenakit Forest (Einstieg in den Wicklow Way)
5,0 km	⇧ 147 m	Abzweig nach Shillelagh entlang der R725 B&B
7,5 km	⇧ 146 m	Kilquiggin Church
11,9 km	⇧ 140 m	Tallon's Dying Cow
12,5 km	⇧ 124 m	Old Shop/Hut Stranakelly
13,3 km	⇧ 133 m	Abzweig Mullinacuffe B&B
18,2 km	⇧ 144 m	Noel's Way
18,3 km	⇧ 124 m	Rastbänke und Abzweig Tinahely B&B BANK
20,0 km	⇧ 182 m	Ausblicke nach Tinahely
22,1 km	⇧ 236 m	Abzweig nach Tinahely (Verlassen des Wicklow Way)
25,0 km	⇧ 98 m	Tinahely (Madeline's B&B) B&B BANK

Mit weiten Aussichten über die sanft gewellten Höhen gelangen Sie zur Kilquiggin Church und steigen gemächlich zu Füßen des Cronelea Hill mit seinen vielen Windrädern bergan. Sie können in dem bekannten Pub Tallon's Dying Cow für ein kühles Getränk einkehren, bevor ruhige Wegpassagen auch am Rastplatz beim Old Shop vorbeiführen. Bald wandern Sie unterhalb des Muskeagh Hill zum Tal des Derry River, bestaunen Noel's Way und erklimmen die Anhöhen bei Mangan's Wood, von denen aus Sie die Blicke über Tinahely genießen. Damit erreichen Sie auch den heutigen Zielpunkt.

Entweder starten Sie die heutige Etappe an Ihrer Übernachtungsstätte und legen den Weg bis zum Einstieg in den Wicklow Way zu Fuß auf dem vom Vortag bekannten Weg zurück, gehen also von Shillelagh aus die Landstraße bis zur Ballard Crossroads, wenden sich dort nach rechts und steigen nun 700 m recht stramm die Straße hinauf, bis Sie den Einstiegspunkt in den Wicklow Way nahe bei der Wegschranke erreichen. Oder Sie lassen sich, wie unser Wanderteam, von Ihren B&B-Gastgebern zum ausgewählten Startpunkt fahren. Unabhängig davon, welche Möglichkeit Sie in Anspruch nehmen, finden Sie sich nahe der Wegschranke vom gestrigen Tag wieder, sehen die bergauf weiterführende asphaltierte Straße und folgen dieser nun.

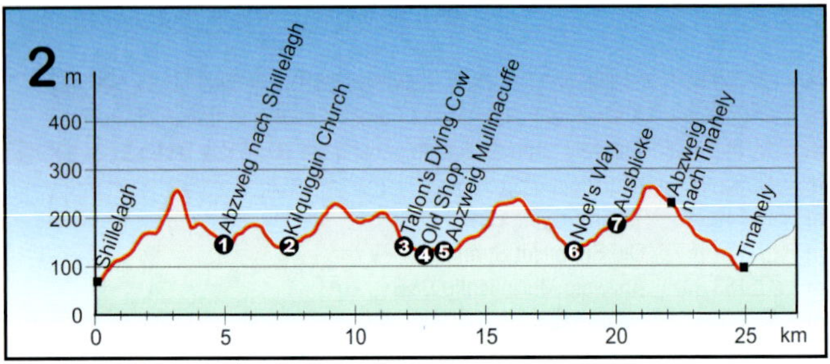

Schon nach kurzer Zeit erreichen Sie die Anhöhe. Wenn Sie sich zurückwenden, erfreuen Sie sich bestimmt an den schönen Aussichten über die mit friedsam grasenden Rindern bevölkerten Weideflächen hinweg. Von der Anhöhe schlendern Sie auf dem asphaltierten Feldweg sanft abwärts, während die Augen die gar nicht so ferne Cronelea Wind Farm beim gleichnamigen Berg entdecken, ein markanter Punkt auf der heutigen Wandertour. Bald erreichen Sie den Talgrund. Der Weg schwenkt nach links und Sie überqueren einen kleinen Bach. Sie gelangen schließlich zu einer etwas breiteren Straße ❶, der Sie sich nach links anschließen.

➯ An dieser Stelle ist es möglich, Shillelagh nach rund 3 km zu erreichen. Dazu halten Sie sich auf der Straße rechts. Nach rund 250 m gelangen Sie zur R725, der Sie nun rechts bis hinunter nach Shillelagh folgen. Die R725 ist eine sogenannte *regional road*, eine Landstraße. Achten Sie besonders umsichtig auf den Fahrzeugverkehr. Der hat in den vergangenen Jahrzehnten in Irland ebenfalls zugenommen und auch hier sind die Fahrzeuge „gewachsen“ und brauchen mehr Platz auf der Straße – der dem Wanderer dann fehlt. Sie sollten also unbedingt rechtzeitig die Fahrzeuge wahrnehmen können und am Straßenrand, soweit notwendig oder geboten, abwarten.

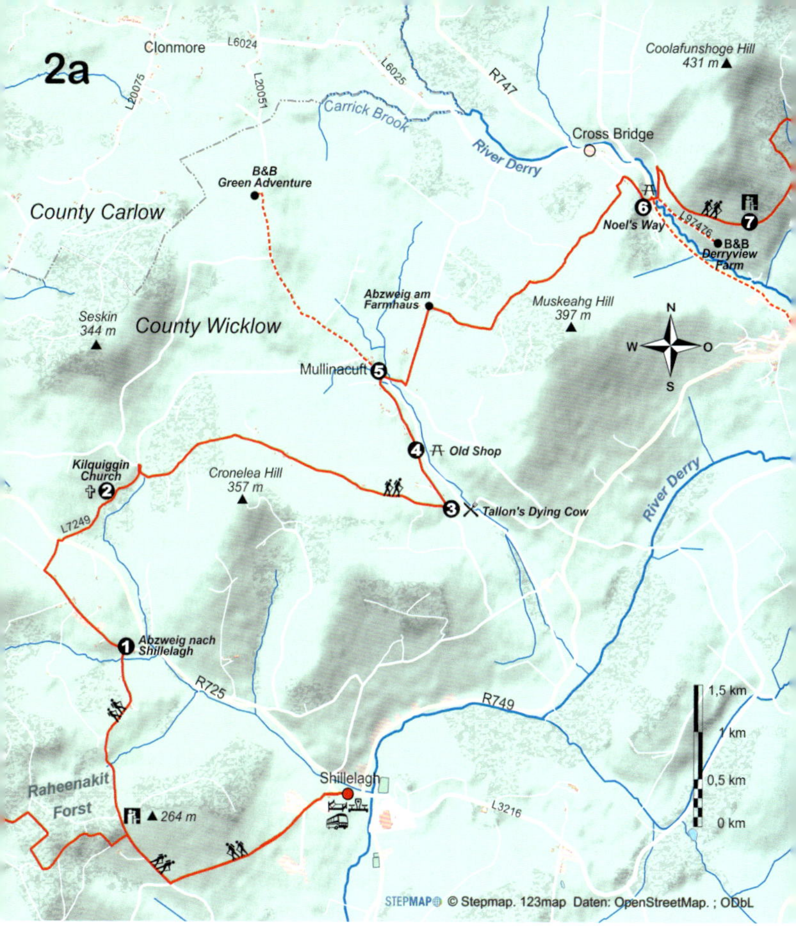

Das stete Auf und Ab nimmt weiter seinen Lauf. Diesmal führt Sie der Wicklow Way wieder bergan und mannshohe Hecken säumen den Weg. Nach einem Wohngebäude weist Sie ein gut sichtbarer Wegweiser nach rechts und ein weiteres Mal verläuft der Weg hinunter. Die Sicht öffnet sich wieder; den Cronelea Hill machen Sie genauso aus wie die Kilquiggin Church, die Sie bald passieren werden.

Doch zuerst geht es auf der R725 nach rechts, allerdings zum Glück nur wenige Meter. Sie überqueren die Landstraße und verlassen diese nach 50 m linker Hand auf der wieder asphaltierten, aber schmaleren L7249. Auf dieser erreichen Sie nach 750 m die Kilquiggin Church ❷, zu Ihrer Rechten sehen Sie den Friedhof.

✞ Kilquiggin Church (St Finian's Church)

Es gibt Hinweise auf eine mittelalterliche Kirche in Kilquiggin, die aber 1799 niedergebrannt wurde. Die neue Kirche wurde im Jahr 1890 unterhalb des alten Gotteshauses errichtet. Direkt bei der Haupttür findet sich ein Weihwasserbecken aus Granit, das einzige Überbleibsel der alten Kirche. Vom alten Dorf Kilquiggin (manchmal auch Kilquiggan geschrieben) ist nichts außer einem zerschlagenen alten Holzkreuz erhalten, obwohl 1841 noch 194 Seelen im Ort gezählt wurden. Eine eigene Schule war vorhanden und viele handwerkliche Berufe waren vertreten. Der Ort wurde „Hafen" genannt, weil wohl der Sommernebel im Tal unterhalb des Cronelea Hill den Anschein einer Meeresbucht erweckte. Viele der Einwohner nahmen die Chance zur Auswanderung in die USA oder nach Kanada wahr.

Am Tag unserer Wanderung wurde kurze Zeit zuvor eine Messe abgehalten, weswegen uns sicher mehr Fahrzeuge als gewöhnlich entgegenkamen. Sonst dürfte auch diese Nebenstraße eher wenig befahren sein. Trotzdem sollten Sie achtsam sein, denn die für Irland typischen hohen Hecken und Sträucher, die die meisten Straßen sehr eng begrenzen, verhindern in den Kurven einen guten Überblick. Hier ist es ratsam, je nach Sichtsituation die jeweilig zweckmäßigere Straßenseite zum Wandern auszuwählen.

An einer Wegkreuzung halten Sie sich rechts und folgen der scharfen Kurve. Nach einer Steinbrücke wird es waldreich. Fichten erheben sich links und rechts und begleiten Sie auf dem Weg um den 357 m hohen Cronelea Hill herum. Diese Fichtenepisode unterhält Sie rund 1 km auf die übliche eintönige Weise, sodass die nun folgenden Aussichten zu den sanften Hügeln der Wicklow Mountains wahre Augenöffner sind. Die malerische Szenerie wird nur gestört durch das dumpfe Kreiseln der Windräder auf den nahen Berghängen.

Jenseits des Taleinschnitts machen Sie Muskeagh Hill aus, der sich 397 m weit in die Höhe streckt und den Sie bald umwandern werden. Doch zuvor geht es ein Stück abwärts bis zu einer Kreuzung, der Stranakelly Cross Roads. Hier halten Sie sich bald links, doch nicht sofort, denn eine Einkehr in dem allseits bekannten Pub Tallon's Dying Cow ❸, der sich hier befindet, ist für jeden Wicklow-Way-Wanderer so gut wie obligatorisch.

Tallon's Dying Cow, Tinahely (direkt am Wicklow Way),
www.facebook.com/TheDyingCowPub, dyingcowpub@gmail.com,
11:00-1:00

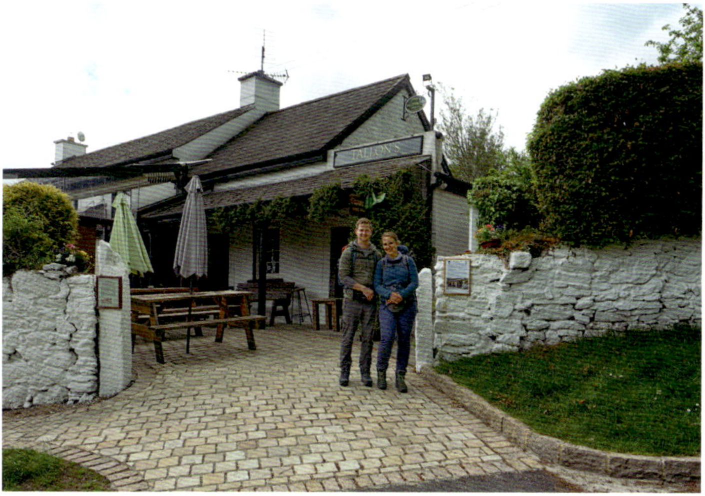

Tallon's Dying Cow

Tallon's Dying Cow

Wie alt die „Dying Cow" genau ist, weiß man nicht, aber es wird gemutmaßt, sie habe mehr als 300 Jahre auf dem Buckel. Ursprünglich diente der Pub als Station für Pferdekutschen auf dem Weg von Shillelagh nach Hacketstown. 1991 wurde bei Renovierungsarbeiten eine Spielmünze aus dem Jahr 1788 gefunden – ein Getränkebuch aus dem Jahr 1870 belegt, dass 120 Gallonen (das sind rund 550 Liter) Whiskey im genannten Jahr an den Pub geliefert wurden. Während der gesamten Zeit des Bestehens war dieselbe Familie Eigentümer, zuletzt war dies Lil Dolan von 1963-2017 und seit 2017 Eamonn Dolan.

Um das Jahr 1920 soll der Pub, der eigentlich „Tallon's Pub“ heißt, zu seinem originellen Namen gekommen sein, als Karfreitag und an den Weihnachtstagen nicht geöffnet werden durfte. An einem Karfreitag servierte Elizabeth Tallon einigen Ortsansässigen trotzdem ihre Drinks, als die Polizei eintraf. Die betagte Dame konterte den Auftritt der Polizisten mit: „Sure you wouldn't summon an old woman – these men were only helping me with a dying cow.”

Sie müssen Lil Dolan – sie zapfte bei unserem Besuch Guinness und Smithwick's für uns und zwei kanadische Gäste – nicht bei einer sterbenden Kuh zur Hand gehen, sondern können in aller Seelenruhe ihr frisches Bier vom Fass genießen.

Wieder zurück auf dem asphaltierten Weg wandern Sie an nett anzuschauenden Wohnhäusern vorbei. Sie erfreuen sich aber womöglich mehr am neugierigen Nutzvieh auf den Weiden oder vielleicht an einem Esel, der bei unserer Wanderung einsam, aber möglicherweise deshalb besonders „gesprächig“ zu uns an den Zaun trottet.

700 m nach dem Pub werden Sie eine Besonderheit am Wicklow Way entdecken: einen Ⱥ Rastplatz. So viel wie der Wicklow Way mit den Schönheiten der Natur um sich wirft, so geizig zeigt er sich mit Rastplätzen und Ruhebänken. Nutzen Sie diesen Platz also, wenn Sie nicht zu viel Zeit in der Dying Cow liegen gelassen haben, denn so schnell kommt ein solches Schmauseplätzchen nicht wieder. Der Ⱥ Rastplatz am Old Shop ❹ beeindruckt sogar noch durch die Geschichte, der Sie auf einer Wandtafel folgen können.

Old Shop/Hut Stranakelly

Anfänglich diente das kleine Gebäude beim Rastplatz als Depot für ein größeres Ladengeschäft etwa 180 m die Straße weiter hinauf. Die Waren stammten von zwei Lieferanten aus Enniscorthy, aus Tinahely kam frisch gebackenes Brot. Weil der weitere Weg zu schmal für Lieferfahrzeuge war, wurde in den 1950er-Jahren diese Lagerhütte als Zwischenstation errichtet. Die ursprünglichen Besitzer des Ladens verstarben und die Eheleute Tompkins übernahmen das Geschäft 1943. Im Jahr 1961 wurde der Laden endgültig geschlossen.

Rast am Old Shop

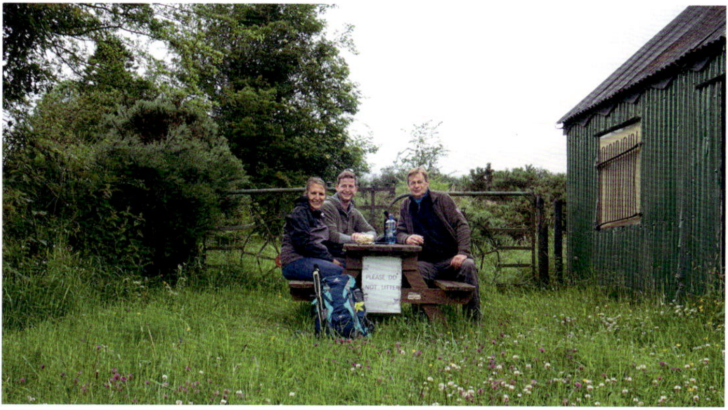

200 m nach dem Rastplatz lesen Sie auf einer Holztafel bei einem sprudelnden Wasserlauf eine regional bedeutsame kleine Geschichte. Erfahren Sie etwas über „Bishop's Hollow" und stöbern Sie später am Wegesrand noch einige weitere kleine Tafeln mit solchen Geschehnissen auf. Nach einer Brücke erreichen Sie eine weitere Straße bei Mullinacuffe **5**.

↳ Wenn Sie zum B&B Green Adventure wollen, gehen Sie hier bei Mullinacuffe links an der im Tudorstil 1844 errichteten Church of Ireland vorbei. Folgen Sie der Straße für rund 2 km und Sie erreichen das B&B.

B&B Green Adventure, Ann und Tom Wall, Knockatomcoyle, Tinahely, 089/207 00 47, www.greenadventure.ie, info@greenadventure.ie, ÜF EZ und DZ € 120-140, Zwei-Personen-Zelt € 20, Familienzelt € 35 (jeweils mit Dusch- und Toilettenbenutzung), Frühstück € 10 pro Person, ganzjährig, irisches und kontinentales Frühstück, Bring- und Holservice, Kosten nach Entfernung, Zelten auf dem Gelände erlaubt

Sie orientieren sich für nur wenige Meter nach rechts und nehmen dann den Abzweig links auf ein Sträßchen. 300 m später gelangen Sie an eine Weggabelung, an der Sie sich links und bald stetig den Berg hinauf halten. In der Hanglage treffen Sie auf eine Wegkreuzung, von der es links zu Farmgebäuden geht, Sie aber folgen natürlich dem Wegweiser nach rechts weiter auf dem Wicklow Way.

Für 750 m läuft der Weg geradlinig weiter, beschreibt dann eine Linkskurve und zieht sich nun an einem rechter Hand gelegenen Waldstück entlang, während zu Ihrer Linken üppig mit Flechten garnierte Steinmauern verlaufen.

Ein Boreen im Regen

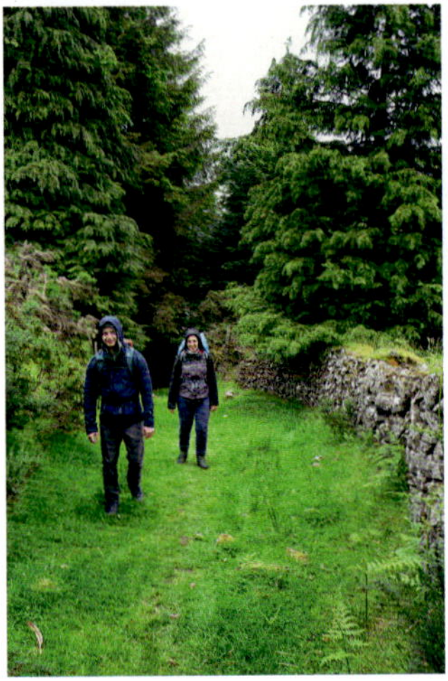

Sie erreichen ein Farmgebäude, bei dem Sie den schmalen Abzweig nach rechts durch das erste von vier auf dem folgenden Wegstück vorhandenen Viehgattern nicht verfehlen dürfen. Auf einem butterweichen Grasweg, dem Muskeagh Boreen, zieht sich der Weg nun den Berg hinauf. *Boreens* (irisch: *bóithrín*) sind schmale, ländliche, nicht selten unbefestigte Wege und Straßen. Auf dem Wicklow Way begegnen sie Ihnen oft mit Gras überwachsen und so schmal, dass zwei Fahrzeuge nicht aneinander vorbeifahren können.

Womöglich erwischt Sie so wie uns zwischendurch einmal ein Regenschauer und doch verzaubert dieser Abschnitt nach dem vielen Asphalt – überwucherte Steinmauern, eng an den Pfad sich schmiegende Hecken und trotz oder gerade wegen des nieselnden Regens samtig grüne Wiesen und Weiden, die das bergige Panorama prägen, malen farbenfrohe Impressionen in die Seele und Ginsterbüsche fassen den Weg ein, der sich später wieder gemütlich bergabwärts neigt. Der Blick wandert hinüber zum 431 m hohen Coolafunshoge Hill, den Sie bald umwandern werden. Doch zuvor gelangen Sie zu einem quer laufenden Feldweg, dem Sie nach links folgen, um nach 100 m rechter Hand durch einen Hohlweg bis zur Cookoo Lane abzusteigen. Dort halten Sie sich rechts, verlassen die Straße aber nach 400 m links auf Noel's Way ❻. Farbenfrohe, aus Holz geschaffene Feenhäuschen siedeln hier in den Bäumen, um an Verstorbene zu erinnern. Auf dem malerischen Pfad über stabile und mit Stahlkrampen gegen das Abrutschen bei Nässe gesicherte Holzbohlen erreichen Sie die R747.

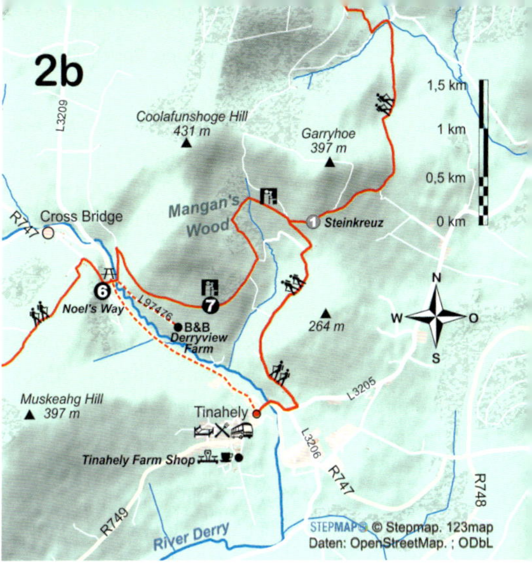

↳ An dieser Stelle mit zwei Rastbänken und einer Haltemöglichkeit für Fahrzeuge können Sie Ihre heutige Etappe auf dem Wicklow Way bereits abschließen. Um nach Tinahely zu gelangen, könnten Sie gut 2 km weit die Landstraße nach rechts gehen. Doch Vorsicht, die Straße ist stark frequentiert und aus meiner Sicht ist es ratsamer, noch ein Stück vom Wicklow Way dranzuhängen und später, wie in diesem Etappenvorschlag im Weiteren beschrieben, einen weniger befahrenen Abzweig nach Tinahely zu wählen.

Sie überqueren umsichtig die R747 und folgen einem Weg direkt auf der anderen Straßenseite über eine Brücke, mit der Sie den Fluss Derry überqueren. An der Weggabelung gleich danach wandern Sie nach links und bald in den Hang des Coolafunshoge Hill hinein.

↳ Wenn Sie in der Derryview Farm übernachten wollen, dann halten Sie sich an dieser Weggabelung rechts. Nach rund 500 m erreichen Sie die Farm.

B&B Derryview Farm B&B, Sheila und Pat Dillon, Coolafinchogue, Tinahely, 087/903 42 00 (Paddy) u. 087/338 94 86 (Pat), derryviewfarmcottage@hotmail.com, ÜF EZ 50, DZ € 80, ganzjährig, rund 1,5 km von Tinahely entfernt

Nach 300 m verlassen Sie den Hauptweg und gehen scharf nach rechts auf einen schmalen *boreen*. Sie passieren ein Viehgatter und schlüpfen dann auf einen weichen Wiesenweg. Meint das Wetter es gut mit Ihnen, dann genießen Sie ab dem zweiten Viehgatter die weiten Ausblicke in Richtung Tinahely ❼. Doch lassen Sie sich nicht täuschen, denn erst entfernen Sie sich noch einmal vom Zielort.

Sie öffnen und schließen mehrere Viehgatter, derweil Sie um die Anhöhe herumstreifen. Während sich zur rechten Hangseite saftgrüne Wiesen ausdehnen, breiten sich Heidekräuter wie ein rotbrauner Teppich bergaufwärts aus, bis sie von einem Waldstück abgelöst werden. Gemächlich ziehen Sie für rund 2 km Ihres Wegs, entdecken eine Wohnruine und halten sich an der folgenden Weggabelung links. Der letzte Anstieg für heute steht bevor.

Sesam, öffne dich!

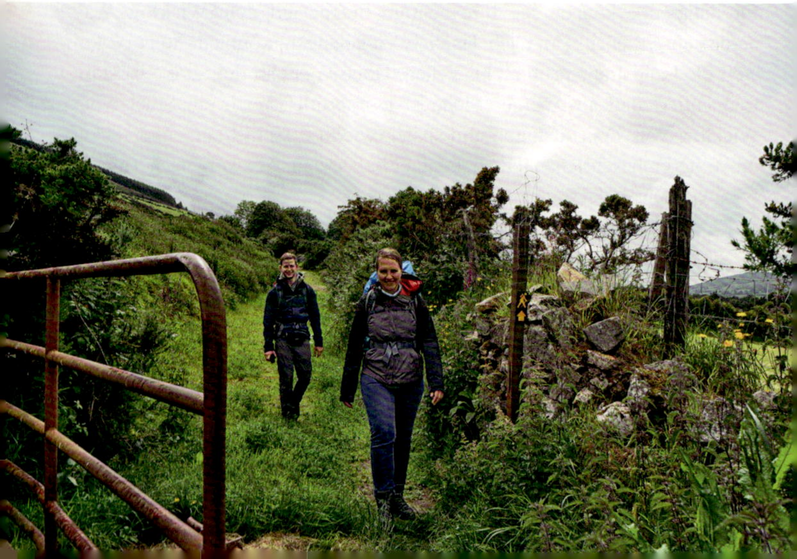

Sie absolvieren 750 m durch den Mangan's Wood, rund 60 Höhenmeter stehen dabei an. Im Anstieg schwenkt der Waldweg nach rechts. Wenn Sie Glück haben, entdecken auch Sie eine kleine Gruppe Schafe im Wäldchen, die hier vielleicht Schutz vor einem Regenschauer sucht. Nach dem Wald und einer Wegschranke öffnet sich der Blick zu den Berghängen und hinab nach Tinahely und weiter über den kleinen Ort hinaus.

500 m nach der Wegschranke erreichen Sie eine Weggabelung.

Sie trennen sich vom Wicklow Way, der nach links weiterführen würde, wenn Sie eine Übernachtung in Tinahely gewählt haben. Morgen kehren Sie an diese Weggabelung zurück und nehmen Ihre Wanderung auf dem Wicklow Way wieder auf.

Nach Tinahely gehen Sie auf dem ausgeschilderten örtlichen Wanderweg Mangan's Loop geradeaus weiter, übersteigen an einem Viehgatter den Zauntritt und erreichen bald den Parkplatz zu den sogenannten Loop Walks. Sie erreichen die Mangan's Lane, der Sie abwärts für 2 km bis zur L3205 folgen. Sie orientieren sich nach rechts und erreichen nach kurzer Zeit die Ortsmitte. Dort finden Sie beispielsweise Madeline's B&B.

Tinahely

B&B ✕ BANK

B&B Madeline's B&B, Madeline Menton, Market Street 1, Dwyer Square, Tinahely, ☏ 04 02/3 85 90, 087/273 41 92, madelines@eircom.net, ÜF EZ € 50, DZ € 80, im Mehrbettzimmer € 32 je Person, ganzjährig. Sehr gediegenes und gemütliches Haus, in dem uns an einem großen Tisch mit anderen Gästen gemeinsam ein vorzügliches Frühstück aufgetischt wurde. Und die Lunchpakete waren die leckersten auf der gesamten Wanderreise.

✕ Madeline's Restaurant, Market Street 1, Dwyer Square, Tinahely, ☏ 04 02/285 92, www.facebook.com/madelines2016, gaumeandmey@gmail.com., Do-Sa 12:00-14:30 u. 18:00-21:00, So 12:30-18:00, Mo-Mi geschl. Madeline's Restaurant liegt direkt neben dem gleichnamigen B&B, weshalb sich das Abendessen dort empfiehlt. Leider kamen wir sonntags erst kurz vor 18:00 an, sodass wir nach einer Alternative suchen mussten. Wir fanden diese letztlich im schräg gegenüberliegenden Pinetos Takeaway.

♦ Murphy's Hotel, Dwyer Square, Tinahely, ☏ 04 02/381 09, www.facebook.com/MurphyHotelTinahely, Mo-Do 9:00-20:00 u. Fr-So 9:00-21:00, mitunter Livemusik an den Wochenenden

- Pinetos Takeaway, Dwyer Square, Tinahely, ☏ 04 02/289 60, ungewiss. Die Hamburger und die Pommes waren schmackhaft. Eine Sitzgelegenheit zum Essen suchten wir uns draußen nahebei.
- O'Connor's Bar & Lounge, Orlaith und Darren Kavanagh, Dwyer Square, Tinahely, ☏ 04 02/381 15, oconnorsoftinahely@hotmail.com, Mo-Do 11:00-23:30 u. Fr-Sa 11:00-0:30, So 12:00-23:00, am Wochenende Livemusik, Do Bingo, lebhafter Pub. Wir wollten am Sonntagabend dort essen, aber der Pub war proppenvoll und die Stimmung dort sehr gut.
- Tinahely Farm Shop, Coolruß, Tinahely, 087/816 84 57, www.tinahelyfarm.ie, info@tinahelyfarm.ie, Mi-Sa 9:30-17:00, So 10:30-17:00, Mo geschl., Di im Sommer nach Ankündigung geöffnet, kleine Gerichte, Kuchen und Scones, im Bauernladen auch Kunsthandwerk, 400 m vom Dwyer Square auf der R749 in Richtung Shillelagh
- Chambers Today Local, Kevin Street, Tinahely, ☏ 04 02/381 48, Mo-Sa 8:30-21:00
- Centra, Main Street, Tinahely, ☏ 04 02/387 77, Mo-Sa 7:00-21:00, So 9:00-20:00
- Tinahely Post Office, Kevin Street, Tinahely, ☏ 04 02/381 81, Mo-Sa 9:00-13:00, Mo-Fr 14:00-17:30
- Bank of Ireland, Dwyer Square, Tinahely, ☏ 04 02/381 21, Mo-Fr 10:00-12:30 u. 13:30-16:00
- Tinahely Pharmacy, Dwyer Square, Tinahely, ☏ 04 02/381 68, Mo-Sa 9:00-18:00
- Meadowcroft Surgery, Millview Court, Tinahely, ☏ 04 02/386 90, meadowcroftsurgery@eircom.net, Mo-Fr 9:00-17:00
- Wicklow Way Bus (☞ siehe auch im Kapitel „Verkehrsmittel unterwegs")
- PJ Cabs, 087/775 89 05
- Tinahely Cabs, 086/815 70 65

Tinahely (irisch: *Tigh na hÉille*) liegt am Ufer des Flusses Derry, die anheimelnde Ortsmitte des knapp 1.000 Menschen zählenden Dorfes stammt aus der ersten Hälfte des 19. Jahrhunderts. Große Teile der Ortschaft wurden beim Aufstand in den Jahren um 1800 zerstört, später durch Lord Fitzwilliam wiederaufgebaut. Die Familie lebte im Coolattin House nahe Shillelagh. Auffällig ist das Courthouse Arts Center am Dwyer Square mitten im Ort, in dem Veranstaltungen stattfinden.

3. Etappe: Tinahely – Ironbridge

19,4 km (16,4 km ohne Zuwege), 5 Std. 45 Min. (5 Std. ohne Zuwege), ↑ 567 m, ↓ 494 m (↑ 421 m, ↓ 487 m ohne Zuwege), ⇧ 92-398 m (⇧ 120-398 m ohne Zuwege)

0,0 km	⇧ 98 m	Tinahely (Madeline's B&B) B&B BANK
2,9 km	⇧ 236 m	Abzweig nach Tinahely (Einstieg in den Wicklow Way)
3,2 km	⇧ 262 m	Steinkreuz
6,2 km	⇧ 146 m	Gedenkstein Luke O'Toole
9,0 km	⇧ 149 m	Sandyford Bridge
10,7 km	⇧ 223 m	Abzweig Knockananna
13,4 km	⇧ 277 m	Abzweig Sheilstown Wood
15,0 km	⇧ 378 m	schöne Aussichten
17,5 km	⇧ 225 m	Ballyteige Bridge
18,5 km	⇧ 180 m	Abzweig Ballyteige Lodge B&B
19,3 km	⇧ 172 m	Ironbridge
19,4 km	⇧ 172 m	Parkplatz an der Ironbridge (nach Aughrim B&B)

Sie beginnen die Etappe mit schönen Aussichten auf einem grasbewachsenen Weg und wandern vorbei an einem Gedenkstein, bevor Sie durch ein stilles Tal streifen. Ein grasgrüner Pfad bringt Sie bergan und eine etwas langatmige Passage über eine Straße wird durch weite Blicke ins Umland aufgewertet. Danach gewinnen Sie im Sheilstown Wood an Höhe und genießen weite Sichten über die Landschaft, ehe sich der Wicklow Way bergab hangelt, die Ballyteige Bridge passiert und sich auf mal schmalen, mal breiteren Waldwegen ins Tal des Flusses Ow windet. Die Ironbridge bringt Sie sicher über den Fluss und gleich darauf haben Sie das Ziel der 3. Etappe erreicht.

Wenn Sie die vorhergehende Etappe wie vorgeschlagen nach Mangan's Wood beendet und in Tinahely übernachtet haben, dann liegt nun als erste Herausforderung der 3 km lange und mit 100 Höhenmetern beschwerliche Zuweg zum Wicklow Way auf dem vom Vortag bekannten Weg an. Dafür genießen Sie von der Höhe ein letztes Mal den Blick auf Tinahely, bevor Sie den Wicklow Way erreichen und auf dem ausgeschilderten Wanderweg rechts in Hanglage am 397 m hohen Garryhoe entlangwandern. Niedrige

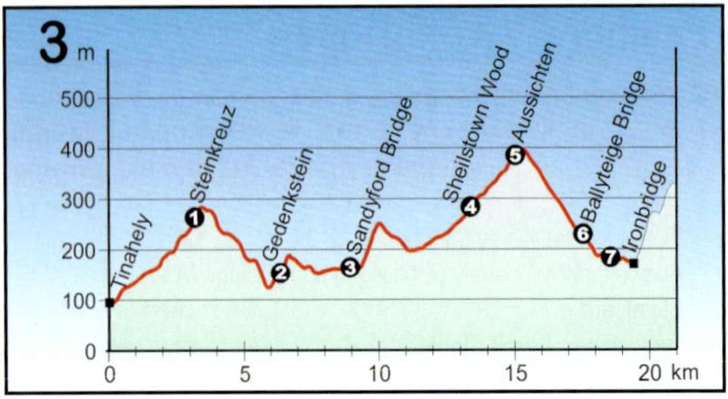

Hecken und Büsche grenzen die Route ein, sodass Sie freie Sicht über die sich vor Ihnen ausbreitende Landschaft haben. Diese funkelt in lebhaften Farbtönen von hellem Apfelgrün zu saftigem Wiesengrün im Sonnenlicht.

An einem Steinkreuz ❶ (☞ Seite 78) vorbei stromern Sie über den weichen Wiesenweg, Farne fächern aus und Heidekräuter und Ginsterbüsche fügen dem vielfältigen Grün noch weitere Farbtupfer hinzu. Außer einigen Schafen, die mähend auf sich aufmerksam machen, hören Sie nur das Raunen vom kräftig wehenden Wind und spätestens jetzt werden Sie Vergnügen daran haben, dass der Wicklow Way oft fernab von Ortschaften seiner Wege zieht.

Langsam neigt sich der Weg hinunter. Sie passieren einige Viehgatter, bleiben auf dem Hauptweg, der später zu ebener Erde weiterläuft, und halten sich wegen der schönen Aussichten vielleicht länger auf als geplant. Sie queren ein Bächlein neben einer Brücke über eine Handvoll glitschige Steine, denn die Brücke ist wild überwuchert. Sie übersteigen einen Zauntritt und streifen weiter über Wiesen- und Feldwege, bis Sie nach 3 km auf dem Wicklow Way eine Straße erreichen. Sie orientieren sich nach links.

Zauntritte, *kissing gates* und andere Weidetore

Um Nutztiere wie Kühe, Rinder oder Schafe am Weglaufen zu hindern, werden unterschiedliche Maßnahmen ergriffen. Klar, ein Zaun gehört in aller Regel dazu, in Irland oft ersetzt durch Steinmauern. Aber um die Tiere von einer Weide auf die andere zu treiben oder für den Menschen (und die Hütehunde) den Zugang zu erleichtern, sind geeignete Tore das Mittel der Wahl. Es gibt verschiedene Zugangsmöglichkeiten oder Übersteighilfen.

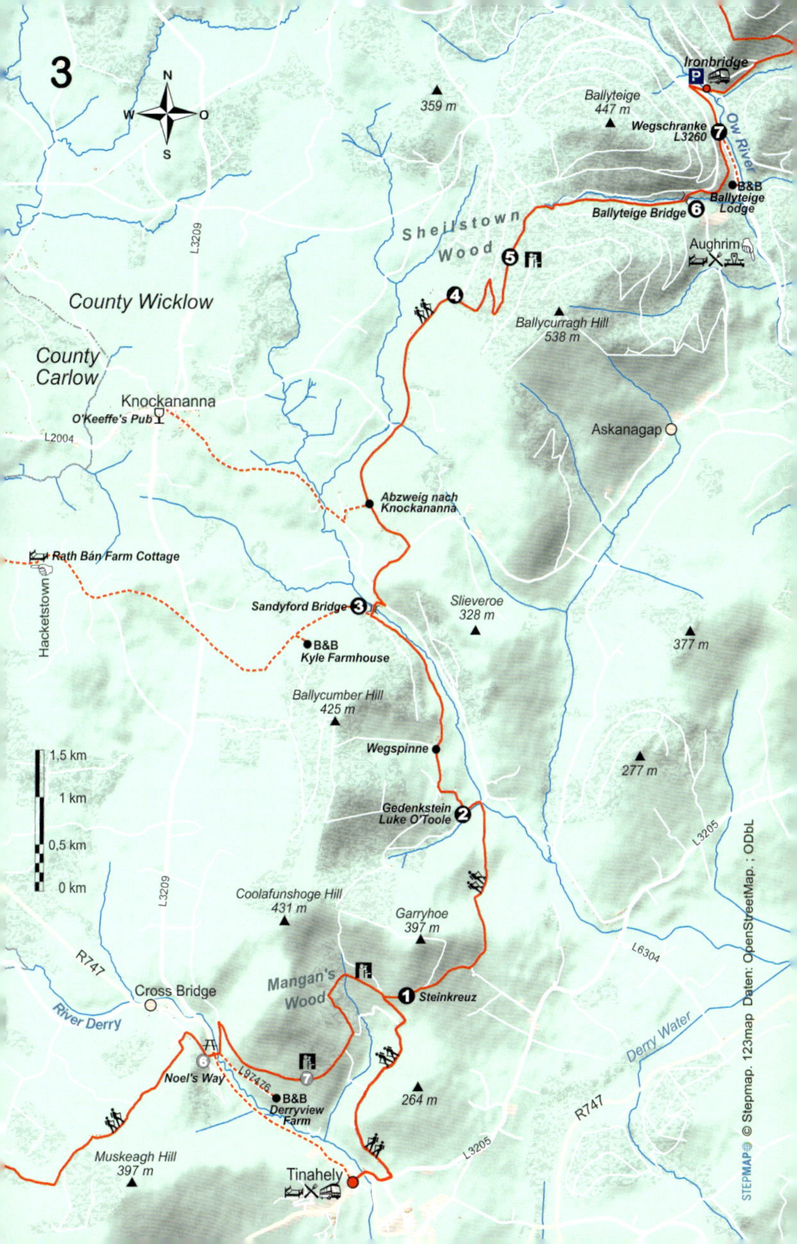

3
N
W
O
S
Ironbridge
359 m
Ballyteige
447 m
Wegschranke
L3260
7
Ow River
B&B
Ballyteige
Lodge
Ballyteige Bridge
6
Sheilstown
Wood
5
Aughrim
L3209
County Wicklow
4
Ballycurragh Hill
538 m
County
Carlow
Knockananna
O'Keeffe's Pub
L2004
Askanagap
Abzweig nach
Knockananna
Rath Bán Farm Cottage
Hacketstown
Sandyford Bridge
3
Slieveroe
328 m
B&B
Kyle Farmhouse
377 m
Ballycumber Hill
425 m
Wegspinne
1,5 km
1 km
0,5 km
0 km
277 m
Gedenkstein
Luke O'Toole
2
L3205
L3209
Coolafunshoge Hill
431 m
Garryhoe
397 m
R747
L6304
Mangan's
Wood
1
Steinkreuz
Cross Bridge
River Derry
Derry Water
6
Noel's Way
L97476
7
B&B
Derryview
Farm
264 m
R747
Muskeagh Hill
397 m
L3205
Tinahely
STEPMAP © Stepmap. 123map Daten: OpenStreetMap ; ODbL

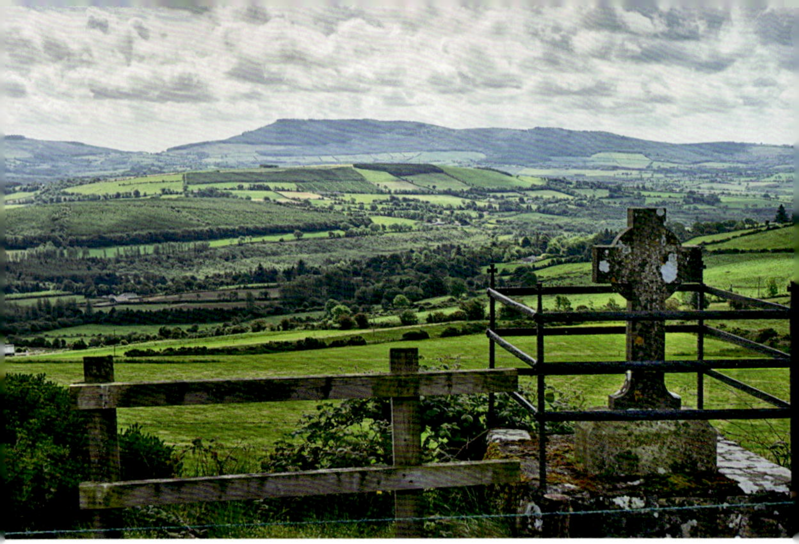

❶ *Steinkreuz oberhalb von Tinahely*

Das *kissing gate*, was sich als „küssendes Tor" übersetzen lässt, ist vornehmlich in Großbritannien und Irland anzutreffen. Es besteht aus einem meist aus Metall gefertigten Korb mit einer offenen Seite, in deren Mitte sich ein bewegbares Törchen befindet, das an die beiden Enden des Korbes schwingen kann. Man schiebt das Tor zur anderen Seite, betritt den Korb und schwenkt das Tor zurück. Der Name resultiert daraus, dass das Tor leicht an die Seiten anschlägt und nicht einrastet, die Seiten also nur „küsst". Ein Vorteil ist auch, dass ein *kissing gate* niemals offen gelassen werden kann, egal, in welcher Position sich das Törchen befindet.

Der Zauntritt ist eine Art Treppe, die meist aus schmalen Tritthölzern besteht und über den Zaun oder das Gatter geführt wird. Manchmal wird auch eine Leiter eingesetzt oder Steine, wenn zum Beispiel eine Mauer überwunden werden muss. Dazu kommt oft ein Pfahl, an dem man sich beim Übersteigen festhalten kann. Ein Zauntritt ist meist zweiseitig, führt also auf einer Seite des Zauns hinauf und zur anderen wieder hinunter. Vieh oder Wildtiere können diese Steighilfen nicht überklettern. Der Nachteil ist wie auch beim *kissing gate*, dass manche Menschen mit körperlichen Beeinträchtigungen, beispielsweise Rollstuhlfahrer, diese nicht passieren können.

Bei uns sind die Viehgatter geläufiger. Sie bestehen entweder aus Holz oder aus Metall, sind an einer Seite mit Haltescharnieren befestigt und schwingen frei auf. Sie müssen per Hand, etwa mit einem Bolzen, verschlossen werden, manche schwingen auch selbsttätig in die Verschlussstellung. Diese Viehgatter sind aber immer in die Ursprungsstellung zurückzubringen, meist also sollten sie verschlossen zurückgelassen werden. *Kissing gates* oder andere Übersteighilfen finden sich manchmal zusätzlich an diesen Viehgattern. Fahrradfahrer oder Rollstuhlfahrer können Viehgatter in aller Regel gut passieren.

Ein kleiner Schritt für uns, ein großer Schritt für Schafe

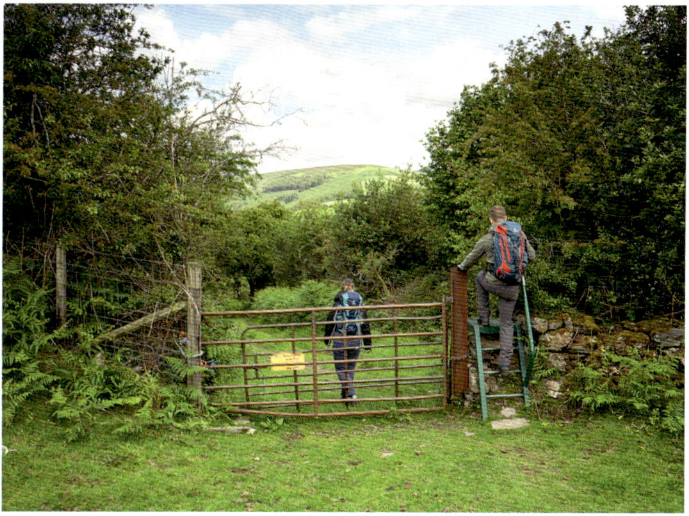

Auch Viehgitter (oder Weideroste) verhindern die Flucht des Viehs. Diese bestehen aus quer verlegten Metallrohren oder Metallstäben, die mit ausreichend großem Abstand zueinander eingesetzt werden, sodass Huf- und Klauentiere nicht darüber trotten können. Für Fahrzeuge und Fußgänger stellen sie kein Hindernis dar, Kleintiere können aber in die unter dem Gitter befindliche Grube fallen.

200 m wandern Sie bis zu einer scharfen Rechtskurve. Auf dem Weg dorthin passieren Sie malerisch überwachsene Steinmauern und je nach Jahreszeit sprudeln Bäche links und rechts entlang der Straße. In der Kurve sehen Sie linker Hand einen Gedenkstein zu Ehren des in Ballycumber geborenen Luke O'Toole ❷, dem ersten hauptamtlichen Secretary-General der Gaelic Athletic Association.

Gaelic Athletic Association (GAA)

Die GAA wurde 1884 gegründet, um originär irische Sportarten wie Hurling und Camogie oder Gaelic Football im Land wieder populär zu machen, englische Sportarten dagegen wurden abgelehnt. Beispielsweise durften im größten Sportstadion der Insel, im Croke Park in Dublin, nur diese Sportarten ausgeübt werden, weil nach den GAA-Statuten deren Sportstätten nicht für sogenannte ausländische Sportarten genutzt werden durften; später gab es Ausnahmegenehmigungen.

Folgen Sie der Straße in der Rechtskurve. Sie wandern weiter zügig bergan, bis Sie nach rund 500 m eine Weggabelung erreichen. Während Sie das monotone Surren der Windräder auf dem 425 m hohen Ballycumber Hill hören, wenden Sie sich nach rechts. Der Wicklow Way flacht ab, links und rechts strecken sich Tierweiden mit Fleckvieh und Schafen aus und sporadisch sehen Sie auch Gehöfte. 400 m weiter treffen Sie auf eine Wegspinne. Fast geradeaus (der zweite Weg von rechts) führt der Wicklow Way Sie an einem Bauernhof vorbei weiter.

Nicht weit von einem Bach entfernt wandern Sie nun durch das stille Tal zwischen Viehweiden und aufgeforsteten Fichtenwäldern. Vielleicht nutzen Sie eine der soliden Steinmauern zu einer Rast.

Auf jeden Fall gelangen Sie 1,8 km nach der Wegspinne an eine Weggabelung. Gehen Sie hier auf der asphaltierten Straße nach rechts leicht abwärts bis zu einem Bach und queren diesen über die Sandyford Bridge ❸.

↳ Sollten Sie eine Übernachtung im Kyle Farmhouse B&B gebucht haben, gehen Sie an der Weggabelung einfach weiter geradeaus; Sie erreichen das B&B nach etwa 800 m.

B&B Kyle Farmhouse B&B, Margaret Coogan, Kyle, Moyne, Knockananna, ☏ 059/647 13 41, 087/285 29 97, www.kylefarm.com, kylefarm75@gmail.com, ÜF EZ € 60, DZ € 80, März-Okt, Auswahl an verschiedenen gekochten Frühstücken, auch frischer Obstsalat, Porridge, Müsli, Tee, Kaffee, Lunchpakete, Abendessen für € 20, Hol- und Bringservice zum Wicklow Way nach eigenen Angaben kostenfrei möglich, Trockenmöglichkeit vorhanden, Zelten auf dem Gelände des B&B für € 12 (für das Frühstück). Es handelt sich um einen aktiv betriebenen Bauernhof.

Um eine weitere Übernachtungsmöglichkeit zu erreichen, gehen Sie diese Straße vom Kyle Farmhouse B&B weiter bis zur L3209, die Sie nach weiteren 1,5 km erreichen. Halten Sie sich rechts, verlassen Sie die L3209 nach 100 m nach links und folgen Sie der Straße für 2,2 km, bis Sie rechter Hand das Rath Bán Farm Cottage sehen.

Rath Bán Farm Cottage, Pádraig Murphy, Rathbawn, Hacketstown, 087/348 15 40, www.wicklowfarmcottage.com, wicklowfarmcottage@gmail.com, ganzjährig, hier kein Frühstück und Abendessen, Hol- und Bringservice zum Wicklow Way (Church in Mone, Ballycumber Forest und andere Orte), Trockenraum für nasse Kleidung und Schuhe

Wenn Sie in Hacketstown einkaufen möchten oder mit dem Bus reisen wollen, gehen Sie die genannten Straßen von Sandyford über das Rath Bán Farm Cottage und dann noch weitere 2,6 km weiter. Sie erreichen die R747, orientieren sich an den ersten Häusern von Hacketstown nach rechts und erreichen die Dorfmitte.

Hacketstown

SuperValu, Main Street, Hacketstown Upper, ☏ 059/647 15 55, www.supervalu.ie, Mo-So 8:00-22:00

Hacketstown Post Office, Main Street, Hacketstown, ☏ 059/647 11 01, Mo-Fr 9:00-12:30 u. 13:30-17:30, Sa 9:00-13:00

Bus Éireann, Bus 132 von Rosslare Europort nach Dublin, www.buseireann.ie

♦ JJ Kavanagh, Bus 874 von Hacketstown nach Carlow, www.jjkavanagh.ie (Fahrplan über „Timetables" und „Local Routes" abrufbar)

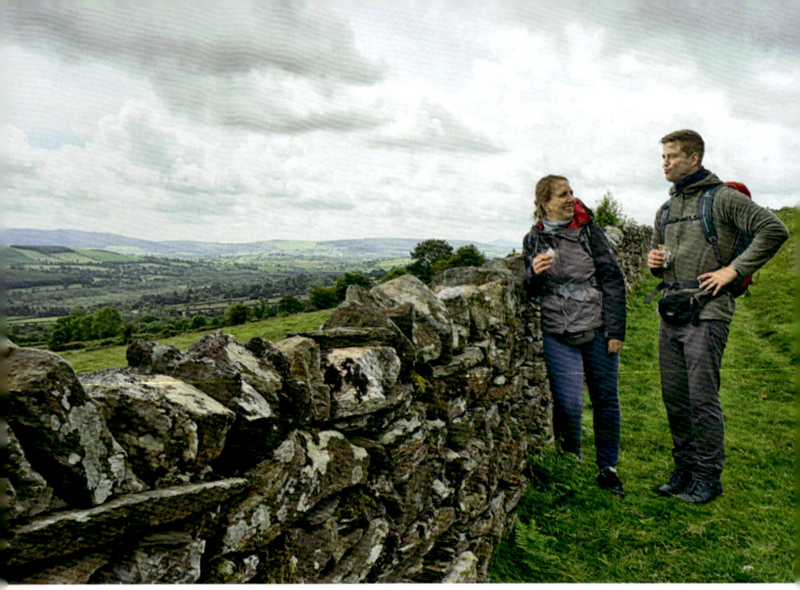

Mauerrast

Sie wandern durch einen landwirtschaftlichen Betrieb, halten sich an der Straße gleich darauf links und folgen ihr 200 m weit. Dann wenden Sie sich nach rechts ab vom Asphalt. Der bald schmalere, ansteigende *boreen* wird gesäumt von Büschen und Hecken, die aber ab und zu Aussichten in die Region zulassen. Später wird der Untergrund felsiger. Sie erreichen eine asphaltierte Straße, gehen nach links und kommen nach rund 700 m an eine Straßeneinmündung.

↳ Wenn Sie nach Knockananna möchten, folgen Sie hier der Straße an der Einmündung nach links. Sie erreichen die Ortsmitte nach 3 km.

Knockananna

O'Keeffe's Pub, Ballinasilloge, Knockananna, 086/865 42 77, okeeffespub@gmail.com, ungewiss

Der Wicklow Way führt Sie geradeaus weiter auf einem wenig aufregenden Teilstück. Nach einer Weggabelung, an der Sie sich rechts halten, öffnet sich der Blick und Sie sehen sanft gewellte Hügel und saftig grüne Wiesen und Weiden. Hin und wieder grasen, wie helle Farbtupfer in die Landschaft platziert, Schafe in der Ferne. Trotzdem wird Ihnen auf diesem insgesamt 3,3 km langen asphaltierten Abschnitt auf dem Wicklow Way sicher nicht das Herz vor Begeisterung übergehen. Sie werden froh sein, wenn Sie an einem gut sichtbaren Wegweiser den harten Straßenbelag verlassen und rechts in den dichten Sheilstown Wood ❹ eintauchen.

Sie passieren eine Wegschranke. Der Forstweg führt Sie stetig bergauf. Sie folgen gemächlich dem Hauptweg, der an den Seiten öfter von gurgelnden Wässerchen gesäumt wird. Nach 250 m beschreibt der Weg eine Linkskehre, nach weiteren 350 m halten Sie sich rechts und knapp 400 m weiter wieder links – immer unter der Obhut der Fichten, unter denen grün schimmerndes Gras wie ein samtiger Teppich wuchert.

Wegweiser mit grünem Hintergrund

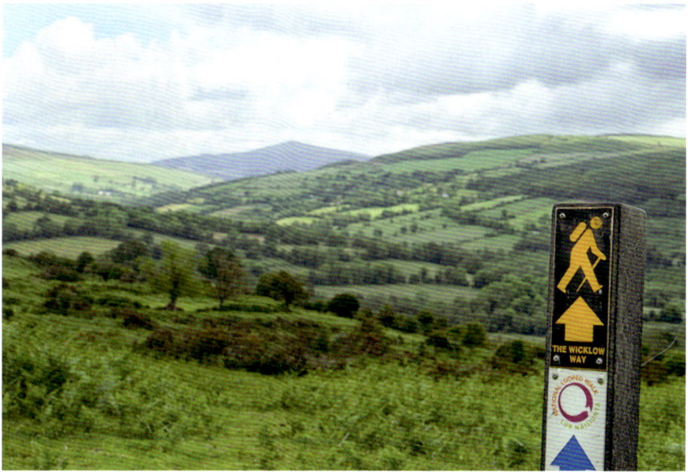

Ganz nahe beim höchsten Punkt der heutigen Etappe, der bei 398 m liegt, belohnen Sie noch junge und nicht hoch aufragende Fichten mit wunderschönen Aussichten ❺ vornehmlich nach Westen über die Grafschaften Wicklow und Carlow.

Danach neigt sich der Wicklow Way abwärts. Sie halten sich geradeaus immer auf dem Hauptweg. Links von Ihnen sprudelt unterhalb des 447 m hohen Bergs Ballyteige ein munterer Bach ins Tal, wucherndes Moos umschlingt die frei liegenden Wurzeln der Fichten und Vogelgezwitscher ist außer dem sprudelnden Bach das einzige Geräusch, das die Stille bricht. Vielleicht huschen auch bei Ihrer Wanderung Hirsche quer über den Waldweg.

Hinter einer Wegschranke gelangen Sie an eine asphaltierte Straße, halten sich links und queren die Ballyteige Bridge **❻.** Nach rund 200 m verlassen Sie die Straße nach rechts und gehen auf einem teilweise geschotterten Hangpfad mit Blicken in das Tal des Ow River weiter.

Nach 1 km erreichen Sie kurz nach einer Wegschranke die L3260 **❼.**

↳ Falls Sie der L3260 nach rechts folgen, erreichen Sie nach weiteren 400 m rechts den Abzweig zur Ballyteige Lodge. Sie folgen nun dem Weg für 300 m und erreichen die Ballyteige Lodge. Sie könnten die Etappe schon hier beenden. Es ist aber üblich, dass Wanderer des Wicklow Way noch ein Stück weiter bis zur Ironbridge laufen und von dort einen Hol- und Bringservice nutzen, weshalb die Etappe in diesem Wanderführer erst an der Ironbridge endet.

B&B Ballyteige Lodge B&B, Sean Mcardle, Ballyteige, ☏ 04 02/365 46, 📱 087/ 611 50 16, 💻 www.ballyteigelodge.ie (bei Redaktionsschluss, hoffentlich nur temporär, nicht erreichbar), ✉ seandavidmcardle@gmail.com, ÜF DZ € 95, EZ auf Anfrage, 🚪 ganzjährig, Lunchpakete, Abendessen € 25, 🚗 Hol- und Bringservice (auch Flughafen), Preise dafür auf Anfrage, großes Grundstück mit Park und Badegelegenheit im Fluss, Zelten auf Anfrage, € 35 je Person bei Gruppen (inklusive Bad und Dusche mit Handtuch, Frühstück gesondert für € 12 je Person), € 50 bei Einzelperson (inklusive Bad und Dusche mit Handtuch und Frühstück)

Wenn Sie nicht dort übernachten, wandern Sie im Tal natürlich nach links, passieren ein Wohnhaus und nehmen sofort danach den Abzweig rechts hinunter zum Ow River. Nun müssen Sie nur noch bei der Ironbridge den Ow River überqueren, um linker Hand den großen Parkplatz im

Ow Valley zu erreichen, an dem Sie heute den Wicklow Way verlassen und die Etappe beenden. Dies ist auch ein guter Platz, um sich abholen zu lassen bzw. sich für die nächste Etappe wieder an den Wicklow Way bringen zu lassen. Morgen werden Sie an diesem Platz wieder in den Wicklow Way einsteigen.

Der Wicklow Way Bus fährt auf Anforderung auch die Ironbridge an (siehe Kapitel „Verkehrsmittel unterwegs“).

Von der Ironbridge aus sind einige B&B in Aughrim erreichbar. Die Entfernung beträgt allerdings rund 8 km, sodass Sie ab der Ironbridge gut einen Hol- und Bringservice nutzen können.

Aughrim

B&B

The Meath Arms Inn, Paul Phelan, Main Street, Aughrim, 04 02/364 60, www.meath-arms.com, ÜF DZ € 110-120, ganzjährig, Hol- und Bringservice mit Taxi

B&B Macreddin Rock B&B, Margaret und Michael Stapleton, Macreddin Rock, Aughrim, 04 02/363 69, 08 74/19 60 52 (Margaret), www.macreddinrock.com, macreddinrock@eircom.net, ÜF EZ € 60, DZ € 90, ganzjährig außer Weihnachten und Stephen's Day, komplettes irisches Frühstück, Früchte, Cerealien, Müsli, Hol- und Bringservice für € 5 je Tour zur/von der Ironbridge, auf der Fahrt zum Wicklow Way Stopp an Laden zum kurzen Einkauf möglich. Das B&B erreichen Sie auch über die L2140; es liegt 3,6 km nördlich von Aughrim.

Grainstore Restaurant (in The Meath Arms Inn), Main Street, Aughrim, 04 02/364 60, Mi-Sa 12:00-21:00, So 12:00-18:00

Londis, Main Street, Aughrim Lower, Aughrim, 04 02/361 12, Mo-Fr 7:00-21:00, Sa 7:00-19:00, So 8:00-19:00

Aughrim Pharmacy, Main Street, Aughrim, 04 02/366 55, Mo-Fr 9:30-18:00, Sa 9:30-17:00

Post Office, Main Street, Aughrim, 04 02/361 11, Mo-Fr 9:00-17:30, Sa 9:00-13:00

Sean Byrne, Hackney & Minibus Hire, 086/401 42 50

♦ Eugene Stapleton, 04 02/367 00, 087/852 55 53

4. Etappe: Ironbridge – Glenmalure

➲ 12,9 km, ⧗ 4 Std., ↑ 496 m, ↓ 529 m, ⇧ 126-516 m

0,0 km	⇧ 172 m	Parkplatz an der Ironbridge
2,7 km	⇧ 387 m	Mucklagh Hut ⌂ ⊼
6,5 km	⇧ 516 m	schöne Aussichten
7,7 km	⇧ 442 m	Wegtafel
10,1 km	⇧ 312 m	Brücke
12,2 km	⇧ 136 m	Stele, Halbzeit Wicklow Way
12,9 km	⇧ 139 m	Glenmalure (Coolalingo B&B) B&B ✕ 🍷

Rasch lassen Sie die Ironbridge und das Ox Valley hinter sich, weil der Wicklow Way Sie zügig bergaufwärts führt. Sie erreichen die Mucklagh Hut. Der Platz lockt zu einer ersten Rast, doch gleich darauf geht es weiter bergan, um bald darauf wieder abwärtszuführen. Sie gelangen zur Old Military Road, verlassen diese rasch wieder und wandern über Holzbohlen, bevor Sie die letzten Meter hinauf zum höchsten Punkt der Tagestour steigen. Als Belohnung ernten Sie schöne Aussichten über Berge und in Täler. Sie schlendern nun hinunter und der Wicklow Way taucht abwechselnd in Wälder ein und lässt dann wieder freie Blicke zu. Zuletzt entdecken Sie eine Stele, an der Sie die Hälfte des Wicklow Way gemeistert haben. An den Drumgoff Barracks vorbei erreichen Sie Ihr Etappenziel in Glenmalure.

Die heutige Etappe starten Sie am Parkplatz bei der Ironbridge. An der Ausfahrt des Parkplatzes (vom Platz kommend) halten Sie sich links und gehen sogleich rechts. Nach nur 50 m setzen Sie Ihre Schritte erneut nach links fort. Der Wegweiser am rechten Straßenrand versteckt sich vielleicht ein wenig in dem üppig wachsenden Grün, doch die deutlich sichtbaren Schuhstapfen werden Sie nicht übersehen.

An Ginsterbüschen und am Waldrand entlang steigen Sie gut 600 m stramm den Berg hinauf, während ein kleiner Bach neben Ihnen gluckernd talwärts schießt. Sie treffen in Hanglage hinter einer Wegschranke auf einen asphaltierten breiteren Weg und folgen diesem sanft ansteigend nach rechts.

500 m später schwenken Sie nach links in einen gut ausgebauten Waldweg ein. Nach einer weiteren Wegschranke gehen Sie nun tiefer in den

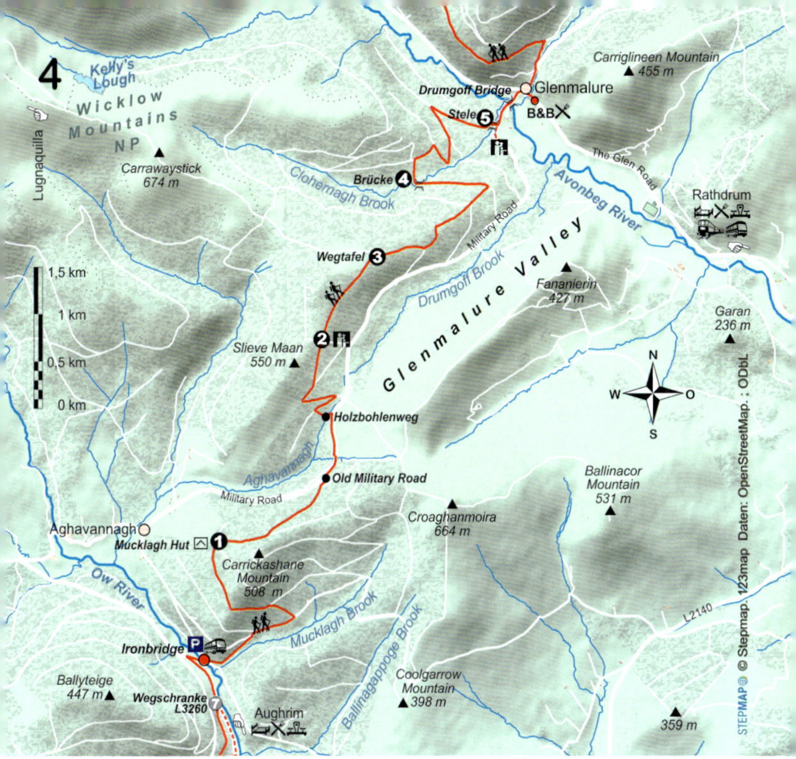

Wald hinein. Schon nach 300 m gelangen Sie zu einem quer laufenden Weg, dem Sie sich nach links anschließen; womöglich ist wie bei unserer Wanderung das Wegschild nicht auf den ersten Blick erkennbar. Ein ausgeräumtes Waldstück zu Ihrer rechten Seite zeigt die aktuellen Rodungsarbeiten, auf die Sie bei der heutigen Etappe noch einige Male stoßen werden. Später, nun wieder von dichten Fichtenwäldchen umrahmt, die das Sonnenlicht schlucken,

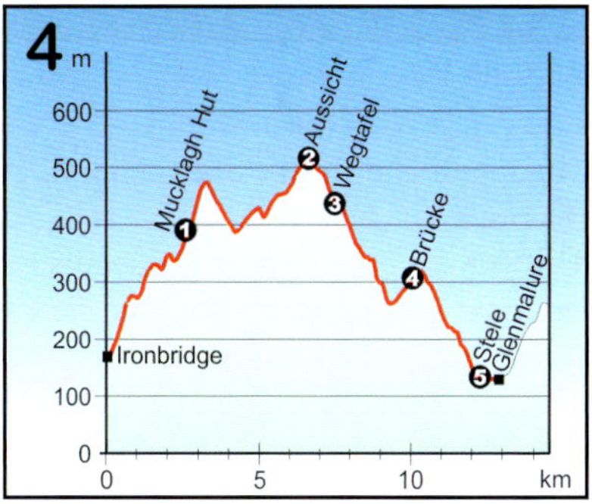

folgen Sie einer Rechtskurve und gelangen 800 m weiter zur ⌂ Mucklagh Hut ❶. Diese ist als Übernachtungsstätte nutzbar, bietet aber auch eine ⩩ Rastbank mit schöner Aussicht auf die südlichen Regionen und sogar einen Rastplatz mit Tisch. Vielleicht hinterlassen Sie einige möglichst nette Worte im Gästebuch in der Schutzhütte.

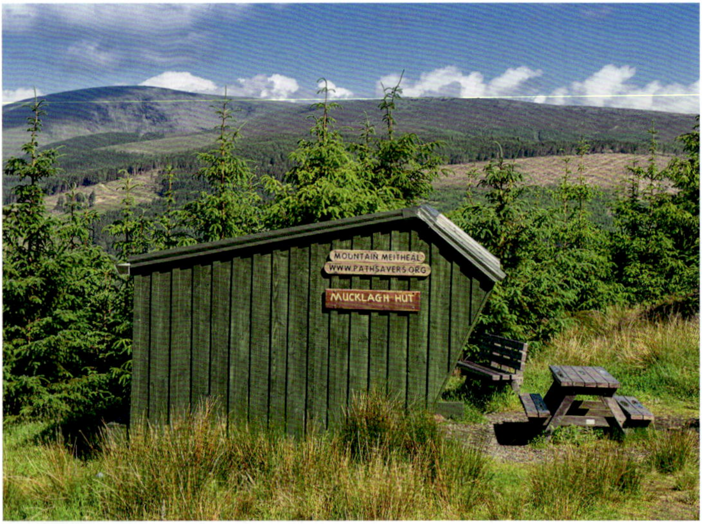

Mucklagh Hut

Mucklagh Hut (auch: Slieveman Shelter Hut)

Die rustikalen, hölzernen, *shelter huts* genannten Unterstände bestehen aus drei Seiten, einem geneigten Dach und einer erhöhten Plattform, auf der vier oder fünf Personen Platz für die Übernachtung finden. Bekanntheit erlangt haben diese Hütten erstmals in den Adirondack Mountains in den USA, viele finden sich beispielsweise auf dem Appalachian Trail. Die Schutzhütten auf dem Wicklow Way verfügen über eine Feuerstelle und Rastmöglichkeiten. Jede Hütte hat ein Gästebuch, in dem sich Besucher eintragen können – interessant beim Durchblättern ist natürlich, aus wie vielen Ländern die Wanderer auf dem Wicklow Way kommen. Und manche Wanderer lassen durchaus nützliche Dinge zurück, die sie selbst nicht mehr benötigen, aber noch zweckdienlich bei einer Übernachtung sind.

Das Projekt wurde von Glenwalk finanziert und mit Genehmigung von Coillte errichtet.

Sie wenden sich von der Schutzhütte ab und wählen den Pfad zwischen den Fichten schroff am Hang des 508 m hohen Carrickashane Mountain hinauf. Werfen Sie ruhig einen Blick zurück, denn je höher Sie steigen, umso beachtlicher werden die Aussichten. Der Wicklow Way zieht 600 m weit stetig hinauf, wobei Sie etwa 100 Höhenmeter überwinden, bis der Weg abflacht und an einer Weggabelung links weiter zwischen Fichten entlangführt. Wie nass es in den Wicklow Mountains sein kann, merken Sie hier, denn stellenweise ist der Weg von Wasser getränkt und matschig.

Wo ein Anstieg ist, da ist auch ein Abstieg und so führt Sie der folgende Kilometer bis zur asphaltierten Old Military Road hinunter, doch so bedächtig, dass Sie nach dem Wald die wunderbare Aussicht in vollen Zügen genießen können.

Oberhalb der Old Military Road

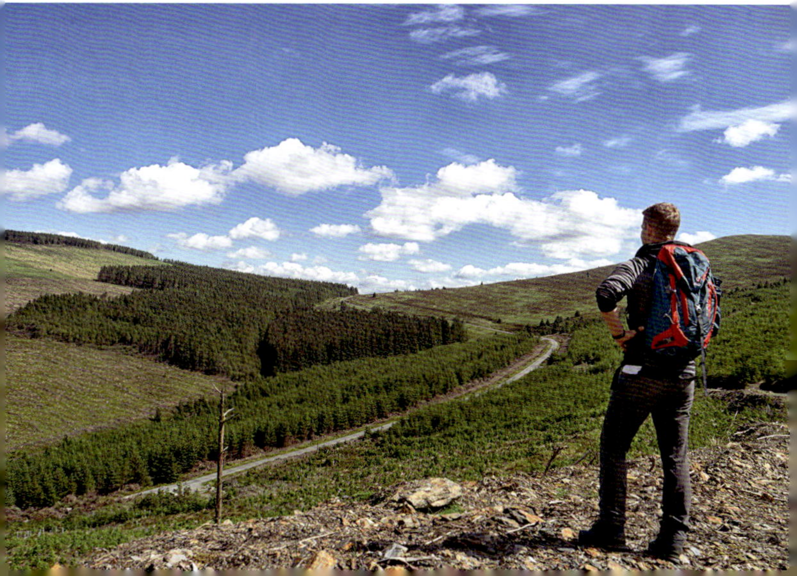

Old (Great) Military Road

Die Old Military Road (auch Great Military Road genannt) verläuft von Rathfarnham nach Aughavanagh; ein Abzweig führt von Enniskerry nach Glencree. Die Hauptroute ist 58 km lang und wurde in den Jahren 1801 bis 1809 als Erwiderung auf die Rebellion im Jahr 1798 erbaut. Bis dahin bestanden nur vier große Verbindungsstraßen von Osten nach Westen, aber keine Route, mit denen die Strecken von Norden nach Süden verbunden wurden. Weil die Rebellenarmee unter General Joseph Holt – später nach seiner Aufgabe unter seinem Nachfolger Michael Dwyer – vornehmlich in den Wicklow Mountains Unterschlupf suchte, forcierten die Engländer den Bau einer Nord-Süd-Verbindung. Dadurch sollten die Truppen schneller bewegt werden können. Der militärische Nutzen der Straßen hielt sich letztlich in engen Grenzen.

Das stete Auf und Ab prägt die Wicklow Mountains und zeichnet die Landschaft durch die sanften Wellen aus, über die Sie fast geschmeidig über Höhen und durch Täler wandern. So auch hier, denn Sie halten sich rechts bergauf. Doch nach nicht einmal 300 m lassen Sie den harten Straßenuntergrund hinter sich, folgen dem Wegweiser nach links auf weichen Grasboden und legen später einen Linksschwenk ein, der Sie zum nächsten Fichtenwäldchen leitet.

Holzbohlen pflastern nun für 150 m Ihren Weg und bringen Sie sicher durchs nasse Gelände. An einem geschotterten Waldweg wandern Sie dann rechts, wobei die Fichten Sie das gesamte Wegstück über nicht alleine lassen. 300 m legen Sie so zurück, finden die nächste Forststraße, folgen dieser nach links und nach 400 m durch eine scharfe Rechtskurve. Nach knapp 700 m erreichen Sie unterhalb von Slieve Maan mit 516 m den höchsten Punkt der Etappe ❷.

Gewiss fallen Ihnen längst die kahl gefegten Areale auf und es mag sein, dass Sie hier Forstarbeiten miterleben, bei denen schweres Gerät über die Forstwege oder in den Waldstücken brummt. Was einerseits ernüchternd ausschaut, weil leer geräumte Wäldchen selten idyllisch wirken, verwöhnt andererseits das Auge des Wanderers mit bis dahin nicht möglichen Weitblicken. Nehmen Sie sich die Zeit, gönnen Sie den Beinen eine Pause und lassen Sie nur Ihre Augen arbeiten. Es wird ein Vergnügen sein, besonders

Glenmalure Valley ins Auge zu fassen. Und fast schon beispielhaft lassen sich die markanten Fichtenwälder und ihre Strukturen erkennen, während sich rechts im Glenmalure Valley der immerhin 427 m hohe Fananierin erhebt, den Sie später vom Tal aus noch viel erhabener sehen werden.

Nach den Aussichten ummanteln Sie wieder die immergrünen Fichten. An einer Weggabelung halten Sie sich rechts; links führt die Carrawaystick Mountain Access Route hinauf zum 674 m hohen Carrawaystick, der zum Bergmassiv beim Lugnaquilla gehört. Sie finden am Abzweig eine erläuternde Tafel zum Weg ❸.

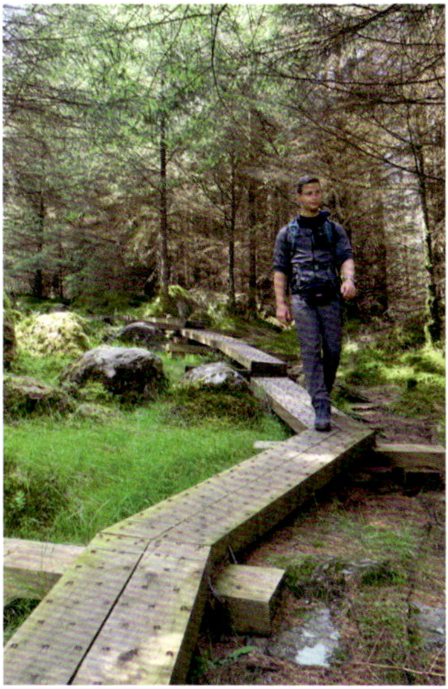

Holzbohlenpfad hinab nach Drumgoff

Lugnaquilla

Der Lugnaquilla ist nur der dreizehnthöchste Berg Irlands, aber mit 925 m nicht nur der höchste Berg in den Wicklow Mountains, sondern die höchste Erhebung außerhalb der Grafschaft Kerry im Südwesten. Dort findet sich mit dem 1.038 m messenden Carrauntoohil der höchste Berg der Insel.

Der Lugnaquilla stellt ein begehrtes Wanderziel in den Wicklow Mountains dar. Von seinem Gipfelplateau erwarten den Wanderer wunderbare Weitsichten über Wicklow, Leinster und bei guter Wetterlage sogar nach Wales. Der Berggipfel präsentiert sich als flache, grasbewachsene Hochfläche.

Der Berg wird üblicherweise über drei Zugangswege erwandert, die über North Prison, South Prison oder durch das Fraughan Rock Glen führen. Beachten müssen Sie bei den Aufstiegen neben der technischen Herausforderung – die Anstiege führen auch über steinige Wegstücke, auf denen zudem ein gutes Orientierungsvermögen nötig ist –, dass im angrenzenden Glen of Imaal Gefechtsübungen der irischen Armee durchgeführt werden. Die Termine finden sich auf 💻 www.mountaineering.ie. Für Wanderer auf dem Wicklow Way ist eine Wegvariante, die in der Nähe des Glenmalure Hostels startet, die erste Wahl und sicher einen Tagesausflug wert, führt sie doch auch am malerisch in die Berghänge eingebetteten Arts Lough entlang. Eine ausgearbeitete Route findet sich im Wanderführer „Dublin & Wicklow“ von Helen Fairbairn (☞ siehe hierzu „Karten, Literatur und GPS“).

Nach 600 m achten Sie in einer Rechtskurve auf den schmalen Weg, der nach links abzweigt und Sie eng zwischen den Fichten weiterführt. Nehmen Sie dann zwischendurch doch kurz Platz auf dem prägnanten, wie ein Sitzplatz geformten Felsen. Allzu lange werden Sie wegen der im wahrsten Sinn steinharten Sitzfläche nicht weilen und somit bald einen quer laufenden Forstweg erreichen. Diesen queren Sie einfach und tauchen gleich darauf wieder in den dichten Fichtenwald ein. Zuerst sichern Holzbohlen das Vorwärtskommen, danach geben Sie aber gut acht, denn der nun wurzelreiche Pfad birgt einige Stolperfallen.

Der nächste Forstweg lässt nicht lange auf sich warten. Nun heißt es wieder links. Gut möglich, dass die Baumhalden frisch gefällter Fichten wie bei unserer Wandertour noch einige Zeit am Wegesrand lagern. Gut sichtbar sind wegen der Freiflächen aber die hier geleisteten Baumfällarbeiten und womöglich weist von irgendwo tief aus dem Wald ein schneidendes Geräusch auf den nächsten gefällten Baum hin.

Im Taleinschnitt gurgelt der Clohernagh Brook zu Tal, der im Carrawaystick Mountain entspringt. Sie werden dem Bächlein noch ein zweites Mal begegnen, kurz bevor er bei Drumgoff in den Avonbeg River mündet. Jetzt aber überqueren Sie ihn über eine Brücke ❹, folgen dem sich leicht abwärts neigenden Weg für 300 m und halten sich an einem Querweg rechts. 250 m weiter, die Ihnen wieder einige baumlose Aussichten gewähren, geht es wieder nach rechts. Der nun wieder blickschluckende Fichtenwald zeigt sich kräftig mit Moos begrünt. Sie folgen einer scharfen Linkskurve und, fast unten im Glenmalure Valley, an einer Weggabelung der letzten Rechtskurve des Weges. 600 m lang streichen Sie jetzt ganz entspannt talwärts.

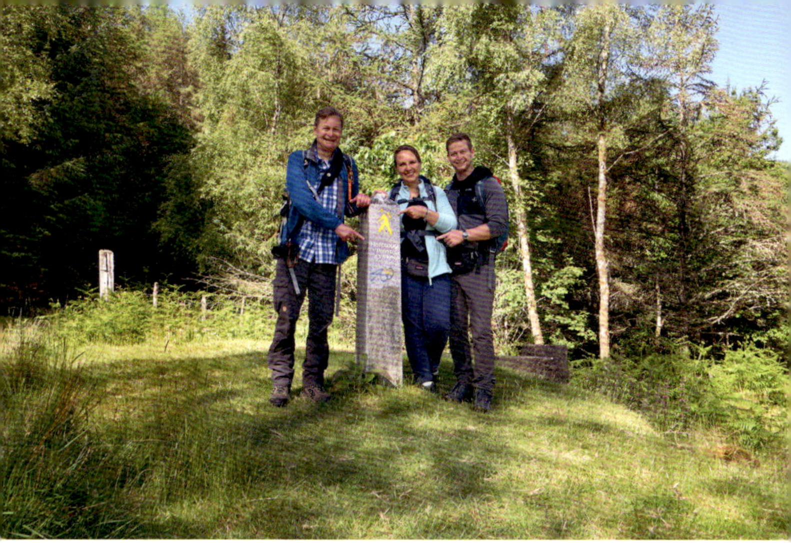

Geschafft! Die Hälfte des Wicklow Ways

Doch achten Sie auf einen aus dieser Gehrichtung fast unscheinbaren Steinpfosten kurz vor der Steinbrücke, über die Sie gleich den Clohernagh Brook zum zweiten Mal passieren. Denn die Steinstele ❺ entpuppt sich mit seiner Widmung als Hinweis darauf, dass Sie an dieser Stelle die Hälfte des Wicklow Way zurückgelegt haben.

Die besagte kleine Brücke queren Sie, lauschen vielleicht noch dem kräftig rauschenden Bach, bevor Sie gleich darauf wieder die Old Military Road erreichen. Hier halten Sie sich links.

↳ Wenn Sie einen Blick auf die Drumgoff Barracks werfen wollen, gehen Sie einige Schritte rechts die Straße entlang, bis Ihnen die dicht stehenden Hecken und Sträucher eine schmale Aussicht auf die Baracken gewähren. Viel näher kommen Sie nicht heran, denn der Zutritt ist nicht erlaubt.

Drumgoff Barracks

Nach der Rebellion von 1798 wurden die Wicklow Mountains quasi als Krisenherd gesehen, der für die englischen Truppen schwer zugänglich war. Als noch die Furcht vor einer französischen Invasion stieg, sollten vier

Kasernen entlang der Straße errichtet werden, zudem eine etwas abseits im Glen of Imaal. Zusätzlich zur Straße wurden Steinbaracken in Glencree, Laragh, Drumgoff/Glenmalure, Aughavannagh und im Glen of Imaal errichtet, die alle mindestens 100 Soldaten beherbergen konnten.

Der Rebellenanführer Michael Dwyer aber kapitulierte bereits im Dezember 1803, lange bevor die Straße fertiggestellt war. Und in Waterloo wurde Napoleons Armee besiegt und die Gefahr einer französischen Invasion sank.

Die fünf Kasernen waren nur für kurze Zeit von militärischer Bedeutung. Die Drumgoff-Baracke wurde bis 1844 von der Armee genutzt. Sie wurde dann an die Wicklow Mining Company verpachtet und diente als Büro- und Wohnraum. Bis 1868 erlahmte aber der Bergbau im Tal und das Kasernengelände fiel zurück an die Grundbesitzer. Erhalten sind nur noch marode Gebäudebestandteile. Heute befindet sich das Gelände im Besitz des Irish Camping & Caravan Club (ICCC).

Gehen Sie dann über die Drumgoff Bridge, die den Avonbeg River passierbar macht. Wenn Sie Ihren Blick nach links tief ins Tal wenden, dann sehen Sie rechts vom Fluss im Berghang einen markanten Felsen: Dwyer's Rock, benannt nach Michael Dwyer, dem Anführer der United Irishmen, der seine Gefolgsleute Anfang des 19. Jahrhunderts in den Wicklow Mountains gegen die britische Armee führte.

Sie erreichen an einer Viehweide mit Highland-Rindern vorbei Drumgoff Crossroads und somit das heutige Etappenziel.

Glenmalure Valley

Glenmalure Valley (irisch: *Glenn Molúra*) ist ein rund 20 km langes eiszeitliches Tal. Heute ist es ein beliebtes Ziel für Wanderer und Bergsteiger und stellt einen guten Ausgangspunkt hinauf zum Lugnaquilla dar. Nur eine einzige Straße führt entlang des Avonbeg River tief in das Tal hinein und aus ihm hinaus.

Historisch ist das Tal auch bedeutsam, denn im Jahr 1580 fand hier im Verlauf der Second Desmond Rebellion die „Schlacht von Glenmalure" statt. Der Clan O'Byrne besaß hier eine Festung, die von englischen Truppen angegriffen, aber nicht eingenommen wurde. Der Rebellenanführer

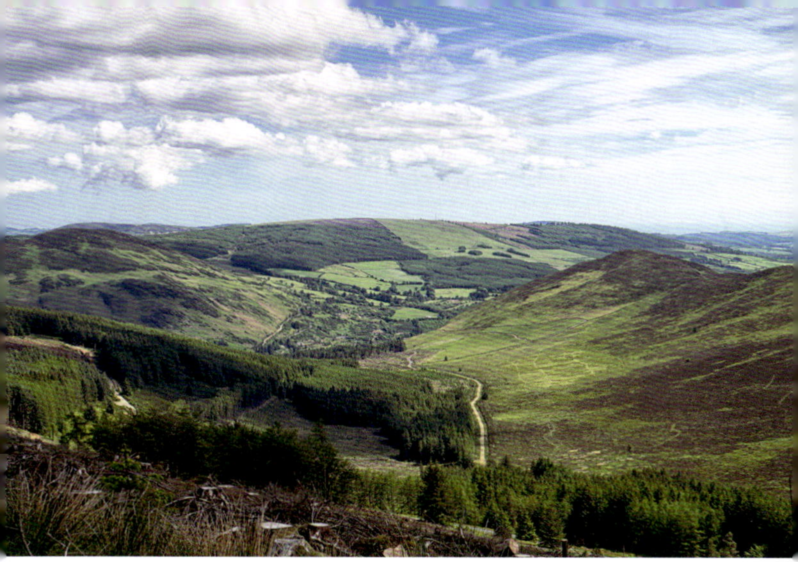

Ausblicke ins Glenmalure Valley

Fiach MacHugh O'Byrne und seine Männer brachten der englischen Armee unter Arthur Grey, dem Lord Deputy of Ireland, der mit 3.000 Mann angerückt war, die schlimmste Niederlage in Irland bei; 800 Männer starben. Trotzdem kapitulierten die meisten irischen Rebellen, nachdem ihre Forderungen erfüllt wurden. Fiach Mac Aodha Ó Broin, wie der irische Name des Rebellenanführers lautete, starb 1597 letztlich durch das Schwert eines englischen Hauptmanns.

Morgen werden Sie die Wanderung auf dem Wicklow Way an der Drumgoff Crossroads geradeaus fortführen. Sie wenden sich, um zu den Übernachtungsmöglichkeiten zu kommen, an der Straßenkreuzung nach rechts, wo sich nach ein paar Schritten schon das Coolalingo B&B befindet.

Glenmalure

B&B

B&B Coolalingo B&B, Maura und Mick Heffernan, Glenmalure, Drumgoff, Rathdrum, ☏ 04 04/465 83, ÜF im EZ, DZ oder Familien- und Mehrbettzimmer € 35-50 pro Person, ganzjährig, Lunchpakete, Hol- und Bringservice, Kosten nach

Entfernung. Maura holte uns von der Ironbridge ab und brachte uns am nächsten Tag wieder dorthin zurück. Die Fahrten waren im vereinbarten Preis enthalten und für Lisa gab es noch *ice packs* zum Kühlen ihres verstauchten Fußes. Das B&B liegt in einem weitläufigen Areal, Picknicktische laden zum Rasten ein, die Hunde schnüffeln freundlich und auf der Weide grasen Pferde. Ich belegte ein Mehrbettzimmer allein (was natürlich nur bei geringer Belegung möglich ist), Lisa und Dominik ein großzügiges Doppelzimmer. Das Frühstück wird mit Blick ins grüne Tal eingenommen.

B&B The Wilderness Lodge, Maura und Frank Quinn, Glenmalure, Drumgoff, Rathdrum, ☏ 04 04/468 39 (Maura), 📱 087/262 55 49 (Frank), 💻 www.wildernesslodge.ie, Ü DZ € 90, Vier-Personen-Zimmer € 160 insgesamt, 🚪 ganzjährig, Selbstverpflegung, Frühstück in The Glenmalure Lodge möglich

B&B ✕ The Glenmalure Lodge B&B, Anne und Paddy Dowling (weitere Kontaktperson: Brittany North), Glenmalure, Drumgoff, Rathdrum, ☏ 04 04/461 88, 💻 www.glenmalurelodge.ie, ✉ glenmalurelodge@yahoo.com, ÜF EZ € 60, DZ € 90, 🚪 ganzjährig, Mahlzeiten im angeschlossenen Restaurant bis 21:00 (für € 13-22), Livesession Di u. Do, Livebands Fr u. Sa, komplettes irisches und kontinentales Frühstück, Rührei mit Lachs, Speck und Eier (für nicht im Haus nächtigende Gäste komplettes irisches Frühstück zwischen 8:30-11:30 (für € 10)), Lunchpaket mit Sandwich, Wasser, Riegel und Obst, kein Hol- und Bringservice (kann aber vermittelt werden)

Glenmalure Youth Hostel, 15 Glenmalure Pines, Ballintombay Lower, Rathdrum, ☏ 01/830 45 55, 💻 www.anoige.ie/glenmalure-youth-hostel, ✉ info@anoige.ie, Ü Vierbett-Familien-Zimmer € 80 für 4 Personen, Schlafsaal (auch Schlafsaal für Damen vorhanden) je € 20 pro Person, 🚪 1. Juni-31. Aug, übrige Monate nur samstags, keine Einkaufsmöglichkeit, Selbstversorgung, kein fließendes Wasser, kein Strom und kein Handyempfang am Hostel. Glenmalure Youth Hostel befindet sich 7 km von der Drumgoff Crossroads entfernt. An der Kreuzung halten Sie sich links und wandern auf der einzigen Straße tief im Tal immer geradeaus, bis Sie einen Parkplatz erreichen. Von dort geht es auf einem befestigten Weg rund 700 m weiter geradeaus zum rechts liegenden Glenmalure Youth Hostel.

Wicklow Way Bus (☞ siehe auch im Kapitel „Verkehrsmittel unterwegs")

Andy Burke, 📱 087/285 54 06

♦ John Kenny, 📱 087/956 11 11

↳ In Glenmalure können Sie sich von einem Hol- und Bringservice gut abholen und wieder dorthin hinbringen lassen. Weitere Übernachtungsmöglichkeiten stehen beispielsweise in der Ortschaft Rathdrum und Umgebung zur Verfügung.

Rathdrum

Jacob's Well Hotel, Helen und Noel Jacob, Main Street, Rathdrum, 087/993 07 84, www.jacobswell.ie, info@jacobswell.ie, ÜF DZ € 90, Einzelzimmer auf Anfrage, ganzjährig außer eine Woche um die Weihnachtstage, Restaurant 8:00-20:30, Übernachtungen im Juni, Juli, August nicht für eine Nacht möglich, komplettes irisches oder kontinentales Frühstück, Lunchpakete, Abendessen € 13,95-22,50, Taxiservice wird vermittelt, Gartenanlage, Mi traditionelle irische Musik

B&B Birchdale House B&B, Tom Moylan, Greenane, Rathdrum, 04 04/460 61, 086/445 26 11, ÜF DZ € 80 (Mai-Sep) o. € 70 (Okt-April), ganzjährig, Lunchpakete, Hol- und Bringservice, beispielsweise mit Taxi zur Ironbridge € 25 für 4 Personen (zusätzliche Person je € 5), Holservice von der Zugstation Rathdrum und Glenmalure Lodge kostenfrei, kein Abendessen im Haus oder in der Nähe, 4,6 km westlich von Rathdrum

♦ Stirabout Lane B&B, 36 Main Street, Rathdrum, 086/836 26 18, www.stiraboutlane.com, stiraboutlane@hotmail.com, ÜF EZ € 60, DZ € 90, Dreibettzimmer € 120, ganzjährig, Lunchpakete, Hol- und Bringservice zur Ironbridge, Glenmalure, Glendalough € 5 pro Person

Centra, Main Street, Rathdrum, 04 04/431 61, www.centra.ie, Mo-So 7:00-22:00

Rathdrum Post Office, 27 Main Street, Rathdrum, 04 04/462 11, Mo-Sa 9:00-13:00, Mo-Fr 14:00-17:30

BANK Bank of Ireland, Main Street, Rathdrum, 04 04/461 62, Mo-Fr 10:00-12:30 u. 13:30-16:00

Tierney's Pharmacy, Main Street, Balleese Lower, Rathdrum, 04 04/461 57, Mo-Do 9:00-18:00, Fr 9:00-19:00, Sa 9:00-17:30

Irish Rail, Train Service to Dublin City Centre, www.irishrail.ie

Wicklow Way Bus (siehe Kapitel „Verkehrsmittel unterwegs“)

Andy Burke, 087/285 54 06

♦ John Kenny, 087/956 11 11

5. Etappe: Glenmalure – Laragh

➲ 17 km (➲ 16,6 km ohne Zuwege), ⌛ 5 Std. 15 Min. (⌛ 5 Std. ohne Zuwege), ↑ 565 m, ↓ 516 m (↑ 560 m, ↓ 497 m ohne Zuwege), ⇧ 130-568 m (⇧ 130-568 m ohne Zuwege)

0,0 km	⇧ 139 m	Glenmalure (Coolalingo B&B)
3,5 km	⇧ 340 m	Mullacor Shelter Hut
6,0 km	⇧ 568 m	Wegkreuzung Mullacor und Lugduff
10,9 km	⇧ 260 m	schöne Aussicht an The Giants Cut
11,9 km	⇧ 211 m	Poulanass Waterfall
12,2 km	⇧ 145 m	Upper Lake
12,3 km	⇧ 142 m	National Park Information Office
13,2 km	⇧ 145 m	Lower Lake
13,6 km	⇧ 141 m	Bullaun Stone/Deer Stone
13,6 km	⇧ 141 m	Klosteranlage Glendalough
13,9 km	⇧ 130 m	Glendalough Visitor Centre
15,0 km	⇧ 204 m	Sicht ins Tal
16,6 km	⇧ 205 m	Abzweig Pinewood Lodge in Laragh (Verlassen des Wicklow Way)
17,0 km	⇧ 188 m	Laragh (B&B Pinewood Lodge) B&B

Sie verlassen das malerische Tal, erklimmen die Höhen und genießen die Aussichten zum Lugnaquilla. Ihre Füße führen Sie über ruhige Waldwege und steile, mit dicken Steinen belegte Pfade immer weiter hinauf. Sie wandern auf Holzbohlenwegen zwischen den Bergen Mullacor und Lugduff, um dann in einigen Kehren hinab ins Tal von Glendalough zu schlendern. Sie sehen nacheinander den Poulanass Waterfall, den Upper Lake und später den Lower Lake. Die Klostersiedlung Glendalough liegt gleich am Weg und vielleicht sammeln Sie im Visitor Centre Informationen zum klösterlichen Leben im Mittelalter. Sobald Sie den nächsten Berg hinaufsteigen, verabschieden Sie sich von Glendalough und werfen noch einen allerletzten Blick hinab zu den Seen. Nicht lange danach erreichen Sie den Zielpunkt der heutigen Etappe.

Auf der heutigen Tour wandern Sie von Ihrer Unterkunft in Glenmalure nach Laragh. Dazu gehen Sie zurück zur Drumgoff Crossroads an der L2083 (Old Military Road). Hier orientieren Sie sich nach rechts den Berg hinauf in Richtung Laragh.

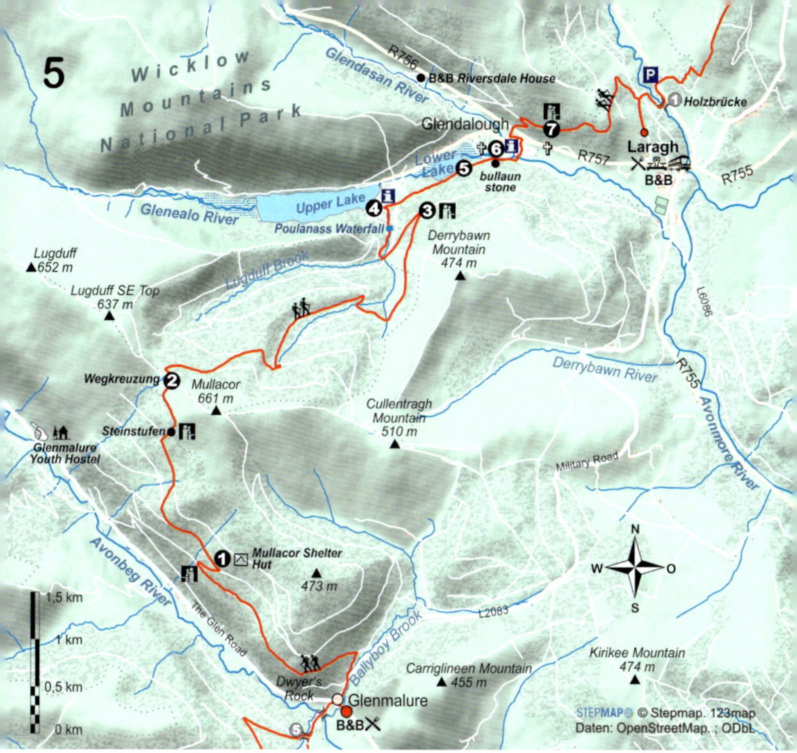

Nach 300 m, die Sie umsichtig am Straßenrand entlangwandern, wenden Sie sich wenige Schritte vor der Coolalingo Bridge von der Straße nach links ab, nehmen den rechten von zwei in den Wald führenden Wegen und passieren eine Wegschranke. Sie finden sich nun inmitten des Glenmalure Forest wieder.

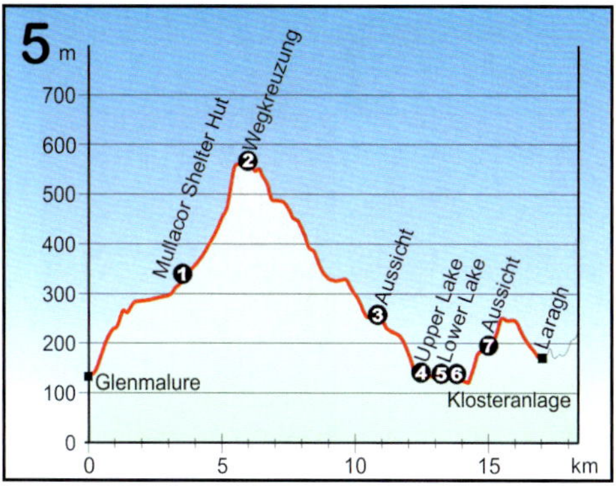

Entlang vom eifrig sprudelnden Ballyboy Brook schaffen Sie sicher mühelos die folgenden Höhenmeter, bevor Sie an einer T-Gabelung auf einen weiteren Waldweg treffen. Sie halten sich links und wandern auf einem gemächlich verlaufenden Weg durch den tiefgrünen Fichtenwald. Nur ab und an weichen die Fichten zurück und geben den Blick hinunter ins Glenmalure Valley und hinauf zum Lugnaquilla frei.

An einer besonders schönen Stelle laden Sie vielleicht auch die mächtige Felsbrocken zu einer beschaulichen Rast ein. Ein richtiger Aufstieg liegt zwar noch vor Ihnen, doch sollten Sie sich einige Minuten gönnen und die Stille auf sich einwirken lassen. Erhaben fächern die Berge aus, sanft buckeln sich die Anhöhen immer weiter hinauf bis zum Lugnaquilla, während sich bauschige Wolkenberge wie ein Vorhang hinter den Kuppen auftürmen. Von den Höhen sprudeln Bäche hinunter, von denen einer in den kristallklar glitzernden Carrawaystick Brook Waterfall mündet, der sich wie ein silbernes Band über kleine Klippen in den Avonbeg River ergießt.

Nur wenige Meter nach dem leer geräumten Waldgebiet nähern Sie sich der nächsten Weggabelung. Dort halten Sie sich scharf rechts, steigen nun auch wieder langsam aufwärts und wenden sich nach 300 m links. Nach etwa 50 m entdecken Sie rechter Hand in den Hang eingebettet die ⌂ Mullacor Shelter Hut ❶.

Nützliches in der Mullacor Hut

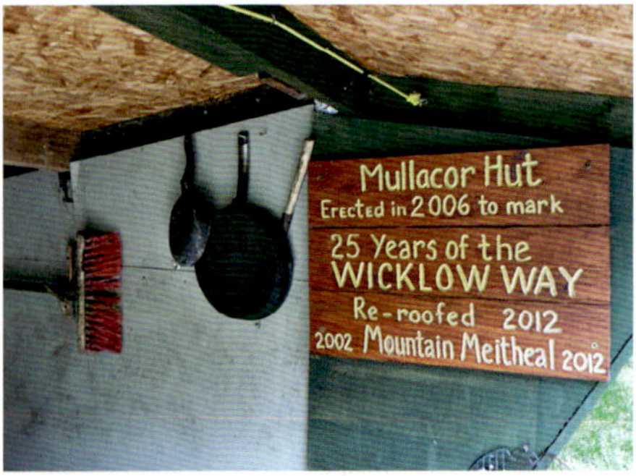

Etwa 700 m danach nehmen Sie an einer Weggabelung den rechten Abzweig, nach weiteren 170 m an der nächsten Weggabelung halten Sie sich wieder rechts. Auf dem steinigen, gut ausgebauten Weg nähern Sie sich nun zügig dem 661 m hohen Mullacor, dessen Gipfelplateau Sie jedoch nicht erklimmen müssen. Trotzdem wird Ihnen bei warmem Sommerwetter der Schweiß laufen. Halten Sie sich an der folgenden Weggabelung links. Nach 500 m, die Sie an neu aufgeforsteten Arealen vorbeiführen, schickt Sie der Wegweiser dann rechts in den Hang hinein. Überdimensionale Steinstufen, die mehr für Trolle gemacht sind als für den menschlichen kleinen Schritt, lotsen Sie nun aufwärts. Pflücken Sie doch ruhig an einem passenden Platz weiter oben die nötige Zeit aus dem Rucksack und setzen Sie sich auf einen der klobigen Steine, lassen Sie die Uhr still weiterticken und gönnen Sie sich einen kühlen Schluck aus der Trinkflasche. Majestätisch hocken die Berge über den Tälern, tausend Grüntöne tupfen die Hänge, grauer Fels in nicht weniger Schattierungen durchbricht die scheinbar immergrüne Irland-typische Idylle.

Auf großen Steinen dem Mullacor entgegen

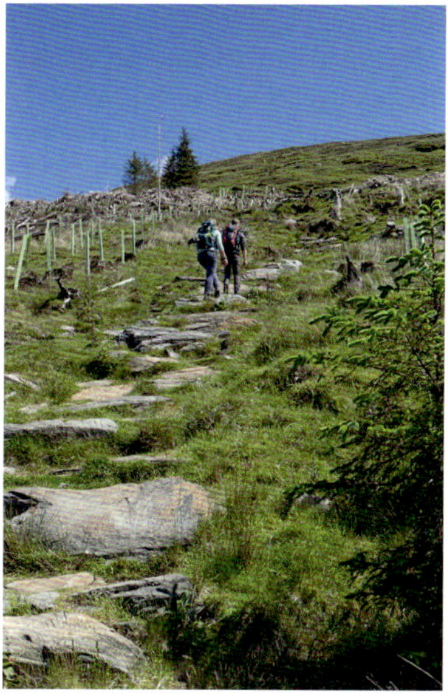

Weiter oben, sobald Sie das Gebiet des Wicklow Mountains National Park betreten haben, nimmt der Wicklow Way mit kleineren Felsen vorlieb, der steinige Weg führt Sie in Hanglage mit nicht zu Ende gehenden Aussichten über die Wicklow Mountains weiter.

Wicklow Mountains National Park

Der Nationalpark deckt mit einer Fläche von mehr als 20.000 ha einen großen Teil der Wicklow Mountains ab. Er ist der größte von sechs irischen Nationalparks. Hochmoore und Heidekräuter dominieren die Berghänge und ihre Gipfel, zahlreiche Bäche entspringen in den Bergen und nähren die Seen in den Tälern. Aufgabe ist es, die biologische Vielfalt und die Landschaft zu erhalten. Zugleich dient der Nationalpark der Erholung und seine Nähe zu Dublin lockt viele Besucher an. Hauptattraktion ist sicherlich die Klostersiedlung in Glendalough.

Je höher Sie steigen, umso kräftiger weht Ihnen der Wind um die Ohren – der richtige Zeitpunkt, um in eine Windjacke zu schlüpfen. Sie passieren ein Viehgatter und wandern gleich auf einem stabilen Holzbohlenpfad (☞ 📷 Seite 47). An einer Wegkreuzung genau zwischen zwei Bergrücken halten Sie sich geradeaus ❷. Rechts führt ein Bergpfad hinauf zum Mullacor, links geht es zum 652 m hohen Lugduff. Sie jedoch erreichen das Ende des Holzbohlenpfads, gehen durch ein weiteres Viehgatter und halten sich an der T-Gabelung links. Von nun an geht es stetig bergab.

Nach knapp 100 m beschreibt der Wicklow Way eine lang gestreckte Rechtskurve. Hinter einem kleinen Fichtenstück sehen Sie zu Ihrer Rechten einmal mehr ein von Bäumen leer geräumtes Gebiet, derweil sich links der dichte Fichtenwald erstreckt. An der folgenden Weggabelung nehmen Sie den linken Abzweig, der Sie sofort in ein Wäldchen führt. Folgen Sie später dem Weg in einer Rechtskurve und Sie gelangen bald zu einer weiteren Weggabelung, an der Sie sich links halten.

An einem kleinen Bach entlang, der tiefer im Tal in den Lugduff Brook mündet, geht es wieder an einem rechtsseitig kahlen Hang entlang, wodurch Sie gute Blicke zu den jenseitigen Hügeln gewinnen. Nach 1,3 km wandern Sie an einer Weggabelung nach rechts, 170 m weiter schwenkt der Weg nach links. Bis zum nächsten Abzweig sind es noch 1,7 km, wobei Sie zwischendurch nicht nur ein weiteres Waldstück durchlaufen, sondern auch bei einigen freien Lagen die ersten Blicke hinunter zum Upper Lake einheimsen.

Am genannten Abzweig erhalten Sie, wenn Sie dem Weg ein paar Schritte nach rechts folgen, oberhalb von The Giants Cut weitere schöne Aussichten auf den Upper Lake ❸.

Am Abzweig halten Sie sich links. Von hier legen Sie 700 m bis zur nächsten Weggabelung zurück. Sie gehen dort geradeaus weiter, queren in einer Rechtskurve einen Bach über eine Holzbrücke und sehen linker Hand eine Tafel mit verschiedenen Holzbeispielen. Gleich im Anschluss passieren Sie über eine zweite Holzbrücke den Lugduff Brook und treffen wenige Schritte weiter auf die nächste Weggabelung. Orientieren Sie sich hier nach rechts in Richtung „Car Park“. Nach rund 200 m führt Sie der Wicklow Way nach rechts weg vom breiteren Weg und über einen nun schmalen Pfad schnurstracks zum Poulanass Waterfall, dessen Rauschen schon etliche Meter zuvor an Ihre Ohren gedrungen ist.

Sobald Sie sich vom beliebten Fotomotiv abgewendet haben, bringen Sie Ihre Füße sicher rasch die letzten 250 m hinab bis zum Talgrund. Sie queren eine kleine Brücke über den Lugduff Brook und erreichen den Upper Lake ❹, der sich zu Ihrer Linken wie ein unergründlich tiefer Bergsee inmitten der hochragenden Berge ausfächert. Der Wicklow Way wendet sich nun nach rechts.

Die Tiefe des Upper Lake (☞ auch 📷 Seite 1) beträgt 30 m, er ist 1,4 km lang und gut 500 m breit. Ursprünglich bildeten der Upper Lake und der Lower Lake einen einzelnen See, doch der Lugduff Brook führte von den Hängen Sedimente in die Mitte des Sees, der dort dann versandete. Die Pflanzenwelt in Glendalough ist vielfältig, am Upper Lake finden sich weiße Seerosen und zahlreiche Schilfarten.

Der Lower Lake wird von einem Moor gesäumt und in dem Weiden- und Birkenwäldchen lassen sich Graureiher oder Rohrammern beobachten.

Steinkreuz und Ringfort am Upper Lake

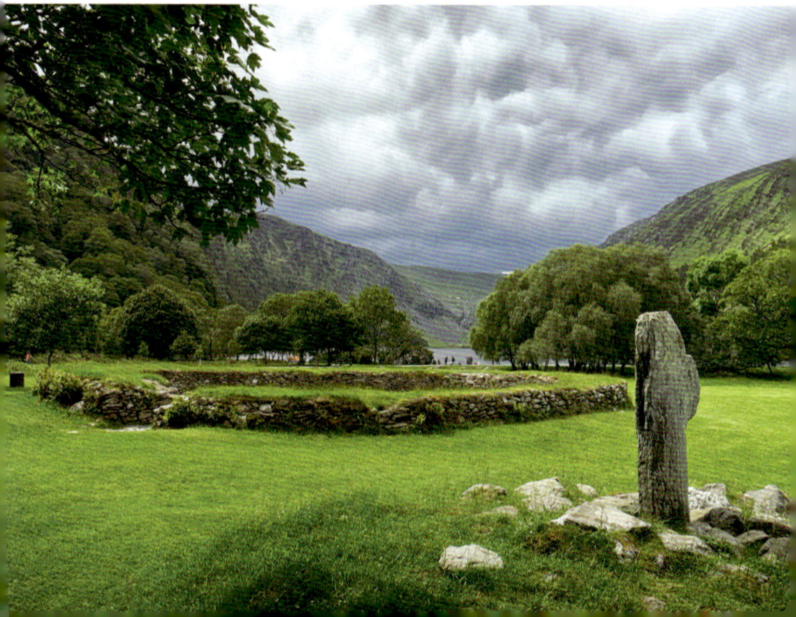

Passend dazu nennt sich der lokale Wanderweg Miner's Road Walk auch gleichzeitig Bird Walk, denn um die 100 verschiedene Vogelarten leben im Wicklow Mountains National Park. Ein anderer Wanderweg dagegen widmet sich den Wildblumen.

☺ Informieren Sie sich zuerst im National Park Information Office, das sich wenige Meter den Wicklow Way entlang in einem beschaulichen Häuschen mit einem Wildlife & Sensory Garden zu Ihrer linken Seite befindet. Erhältlich ist auch eine Übersichtskarte mit ansprechenden Wanderwegen rund um Glendalough, für 50 Cent oder als PDF herunterladbar unter: 💻 https://www.wicklowmountainsnationalpark.ie/wp-content/uploads/2017/04/Walking-Trails-of-Glendalough.pdf.

ℹ National Park Information Office, Wicklow Mountains National Park, Kilafin, Laragh, ☎ 07 61/00 26 67, 💻 www.wicklowmountainsnationalpark.ie, ✉ wmnp@ahg.gov.ie, 🚪 Nov-Jan 9:30-16:30, Feb-April, Okt u. Weihnachts- und Osterferien 10:00-17:30 (jeweils nur an den Wochenenden), Mai-Sep 10:00-17:30, hinter dem Informationscenter entdecken Sie einen kleinen Garten mit Teich, in dem Sie die Pflanzen riechen und den Libellen und Fröschen lauschen sollen, 🚪 10:00-17:00 (im Frühling und Sommer).

Der Wicklow Way führt nun durch malerischen Mischwald, in dem sich rechts kantige Felsen bis zum Weg hinabstrecken, weiter zum Lower Lake ❺. An seinen Ufern entdecken Sie sicher ein stilles Fleckchen zum Entspannen, bevor Sie bald danach den Zutritt zur Klosteranlage erreichen. Hier befindet sich ein *bullaun stone*.

Bullaun stone/Deer Stone

Der Begriff *bullaun stone* (irisch: *bullán*) bezeichnet Steine, die eine halbrunde Mulde aufweisen, in denen sich häufig Wasser sammelt. Das Wasser darin soll eine heilende Wirkung besitzen. Vermutlich dienten sie also rituellen oder kultischen Anlässen. Sie stammen aus der Bronzezeit oder sind noch älteren Ursprungs. Besonders in der Provinz Leinster sind sie häufig aufzufinden, und der *bullaun stone* (der hier auch „Deer Stone" genannt wird) in Glendalough stellt ein schönes Beispiel dar.

Eine Legende rankt sich um den Deer Stone: Damit das Wasser im Stein als Heilmittel wirkte, mussten die Pilger an einem Sonntag, Dienstag und Donnerstag derselben Woche hierherkommen und bei jedem Besuch siebenmal auf blanken Knien um den Stein rutschen. Der Name des Steins erinnert an eine Legende des St. Kevin. Herbeigelockt durch seine Gebete, kam ein Reh zum Stein und vergoss seine Milch in die Mulde. Damit wurde ein Säugling genährt, dessen Mutter bei der Geburt gestorben war.

↳ Um die Klosteranlage zu besichtigen wenden Sie sich dort an dem *bullaun stone* nach links. Nun queren Sie über eine Holzbrücke den Glenealo River und betreten das ehemalige Kloster ❻.

✞ Glendalough

Bei Glendalough (irisch: *Gleann da locha*) fasziniert die aufsehenerregende Klosteranlage. Sie liegt eingebettet in einem Tal zwischen den Höhen der Wicklow Mountains und am Rande der beiden namensgebenden Seen. Der Mönch St. Kevin gründete das Kloster im 6. Jahrhundert, die meisten der Gebäude, die die Zeit überdauert haben, datieren aus dem 10. bis 12. Jahrhundert.

Die Stelle am Zusammenfluss der beiden Flüsse Glenealo und Glendasan war wie geschaffen für eine Ansiedelung. 600 Jahre lang galt Glendalough als Zentrum des Lernens und des religiösen Lebens. Zeitweilig sollen hier 200 Mönche gelebt haben, die Schriften anfertigten und sich um kranke Menschen sorgten.

Obwohl die Wikinger viele Jahrzehnte lang die Region unsicher machten, zerstörten erst die Normannen im Jahr 1214 das Kloster. Die Siedlung selbst wurde von Engländern 1398 in Asche gelegt. Erst 1878 startete ein Wiederaufbauprogramm. Glendalough ist heute ein lebendiger Ort mit einem Besucherzentrum, eigens angelegten Wanderwegen und historischen Stätten wie dem markanten Rundturm.

Doch zuerst, wenn Sie vom Wicklow Way das Kloster betreten, schauen Sie auf St Kevin's Kitchen (eigentlich St Kevin's Church). Das Gebäude stammt aus dem 12. Jahrhundert. Der Glockenturm, so war die ursprüngliche Auffassung, war ein Kaminabzug, weshalb man das Gebäude für eine Küche hielt.

Wenige Schritte dahinter, wenn Sie auf den Rundturm zugehen, entdecken Sie das 2,5 m hohe St Kevin's Cross, eines der größten Kreuze auf der Insel. Es wurde aus einem einzigen Granitstein gefertigt.

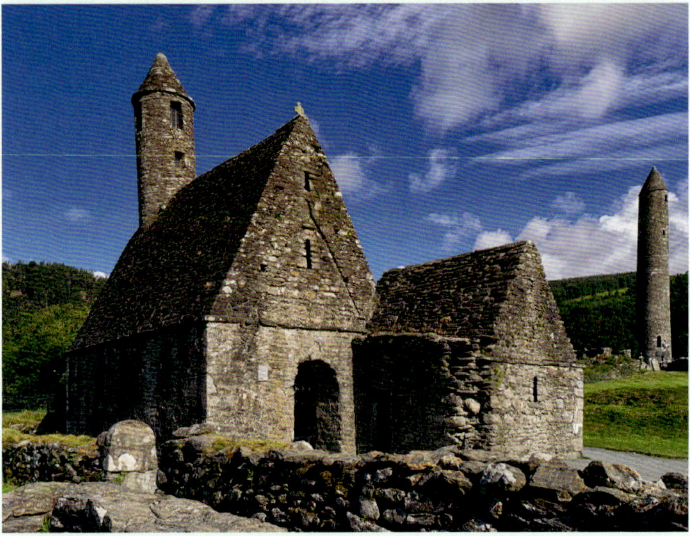

St Kevin's Kitchen und Rundturm

Der etwa 1.000 Jahre alte Rundturm ist 34 m hoch. Er besitzt sechs Stockwerke. Der Zugang erfolgte über eine Leiter, die bei Gefahr hochgezogen wurde. Der Turm befindet sich trotz seines Alters in einem ausgezeichneten Zustand und gehört zu Irlands schönsten, noch erhaltenen Rundtürmen. Einzig das Dach wurde 1876 erneuert. Um den Rundturm herum gruppieren sich viele Grabsteine.

Weitere beeindruckende Gebäude und Ruinen sind The Cathedral of St Peter and St Paul direkt beim Kreuz, die nach dem 10. Jahrhundert mehrere Umbauten erfuhr, und The Priest's House, das seinen Namen erhielt, weil Priester hier beigesetzt wurden. The Gateway liegt etwas abseits in Richtung der R757 nahe dem Glendalough Hotel und stellt den einzigen noch erhaltenen Zugang zu einer frühen Klostersiedlung dar.

Im Umkreis finden sich weitere Gebäude und Relikte wie die Reefert Church oder St Kevin's Bed über dem Upper Lake. Dorthin soll sich der Mönch zurückgezogen haben.

Empfehlenswert ist es, sich im Visitor Centre (☞ liegt am weiteren Weg) umfassend zu informieren, wenn die Zeit dazu reicht, und erst dann einen ausgiebigen Spaziergang zu unternehmen.

Bei sanft bewölktem Himmel stehlen sich die Sonnenstrahlen ins Tal und pinseln glitzernde Lichter auf die beiden Seen und wie Figuren wandern die Schatten entlang der Berghänge. Wer einen Moment der Ruhe genießen will, wandert abseits der belebten Uferpromenade, wo sich im Sommer viele Menschen tummeln, die auf den Wiesen rasten oder einfach flanieren. Es gibt aber hier und da ruhige Flecken, an denen Sie die stille Schönheit des Sees genießen können. Wer früh am Morgen oder Abend, wenn die Besucherströme abebben, den Weg hierhin sucht, der spürt sicher, weshalb Kevin dieses Tal für seine klösterliche Ansiedlung wählte.

Wir kamen an einem Nachmittag an, als nicht nur sanfter Nieselregen einsetzte, sondern auch zahllose andere Besucher am Ufer standen oder saßen. Am nächsten Morgen dagegen, als ich mich gleich nach dem Frühstück zu Fuß vom B&B in Laragh nochmals aufmachte, um einige sonnengetränkte Fotos zu schießen, fand ich die Klosteranlage und die beiden Seen weitgehend verwaist vor. Erst knapp vor 10:00 schwappte die erste Welle an weiteren Besuchern ins Tal hinein. Auf dem Rückweg entlang der R756 nach Laragh besuchte ich noch die kleine Trinity Church, die aus dem 12. Jahrhundert stammt und wegen ihrer Abgeschiedenheit nahezu unbeachtet zwischen Hecken und Büschen schlummert.

Glendalough bietet sich für einen zusätzlichen Tag mit der Option, später am Tag oder früh am Morgen das Kloster und die Seen zu besuchen und etwas von der Stille für den weiteren Weg mitzunehmen, an. Wer an einem möglichen zusätzlichen Tag das Wandern nicht sein lassen will, dem bieten sich mehrere Möglichkeiten an. Zum einen der Miner's Road Walk, der rund um den Upper Lake führt, zum anderen der Aufstieg zu The Spinc hoch über dem Upper Lake. Von dort oben gewinnen Sie einen fantastischen Blick ins Tal hinab, zweifelsohne schöner als vom Wicklow Way. Es gibt mehrere Wegvarianten, die ausgeschildert sind und zu denen ausführliche Informationen im Internet zu finden sind, 💻 www.visitwicklow.ie/map-box/?category=1526.

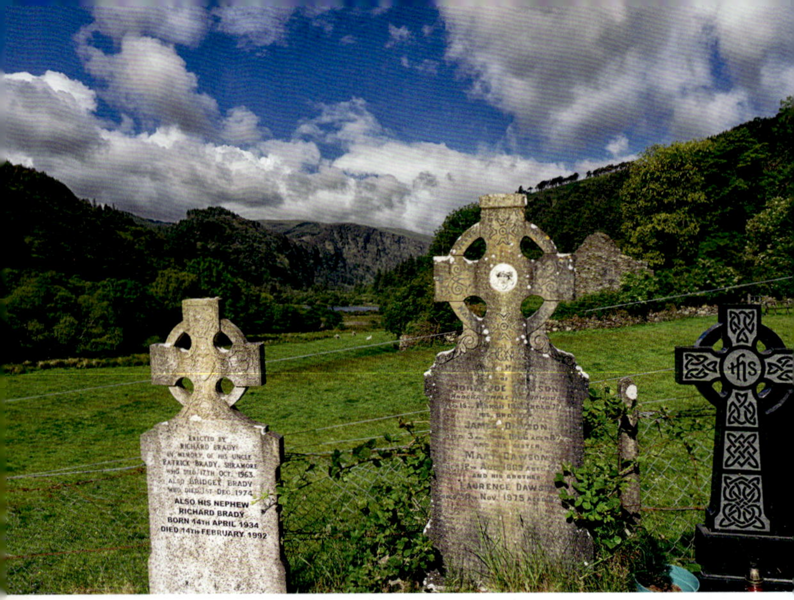

Aussicht vom Kloster ins Tal zu den beiden Seen

Trotz der Faszination für die christliche Vergangenheit besitzt das Tal auch eine wirtschaftliche Geschichte. Von 1809 bis 1963 wurde Bergbau betrieben, zwischen den beiden Tälern Glendalough und Glendasan verlief eine als Luganure bekannte Erzader. An den Hängen des 750 m hohen Camaderry und besonders vom Glendasantal aus wurden Stollen in die Felsen getrieben. Der Ertrag verringerte sich aber und so standen 1888 die Minen zum Verkauf. 1956 unternahm ein kanadisches Bergbauunternehmen einen letzten Versuch, ertragreich Erz abzubauen, schloss die Minen aber 1963. Der Bergbau in dieser Region endete nach 154 Jahren endgültig. Jenseits des Upper Lake lassen sich die Ruinen aus der Zeit des Bergbaus auf dem 5 km langen Miner's Road Walk besichtigen.

200 m nach der Klosteranlage halten Sie sich links, überqueren das Flüsschen erneut und gelangen entlang von Wiesen zu einem Parkplatz. Hier gehen Sie nach links. Der Wicklow Way führt am Glendalough Visitor Centre vorbei.

Visitor Centre, Glendalough, ☏ 04 04/453 25 o. -52, www.glendalough.ie/heritage/glendalough-visitor-centre, glendaloughbookings@opw.ie, Mitte Okt-Mitte März 9:30-17:00, Mitte März-Mitte Okt 9:30-18:00, Eintritt € 5 Erwachsene, € 3 Kinder/Studenten, € 13 Familien (letzter Einlass 45 Min. vor Schließung)

Der Wicklow Way führt Sie vom Parkplatz weiter zur R757. Sie orientieren sich nach links und treffen nach 100 m auf das Hotel The Glendalough.

Wenn Sie dieser Straße weiter folgen, gelangen Sie nach 400 m zum Glendalough International Hostel.

Wenn Sie der R757, die nach 200 m in die R756 übergeht, nach rechts folgen, erreichen Sie nach rund 1,4 km Laragh. Auf dieser Strecke entdecken Sie auch rechts neben der Straße die Trinity Church.

Glendalough

B&B

The Glendalough Hotel, R757, Glendalough, ☏ 04 04/451 35 o. 453 91, www.glendaloughhotel.com, info@glendaloughhotel.ie, EZ ab € 55, DZ ab € 100 (saisonabhängig), ganzjährig, Restaurant So-Do 12:00-20:00, Fr u. Sa. 12:00-21:00

B&B Riversdale House, Zell und Liam Conway, Wicklow Gap Road, Glendalough, ☏ 04 04/458 58, www.glendalough.eu.com, info@glendalough.eu.com, ÜF EZ € 70-80, DZ € 90-100, März-Okt, Lunchpakete, 1,5 km vom Wicklow Way entfernt nahe bei der R756 Richtung Hollywood

Glendalough International Hostel, The Lodge, Glendalough, ☏ 04 04/453 42, www.anoige.ie/glendalough-international-hostel, glendaloughhostel@gmail.com, EZ € 15,50-22, DZ € 24-27, Mehrbettzimmer € 15,50-25, ganzjährig, Frühstück € 5-9, Lunchpakete, Abendessen € 15

St. Kevins Bus Services, ☞ siehe Kapitel „Verkehrsmittel unterwegs“

Glendalough Cabs, 087/972 94 52

♦ Gerry O'Toole, Coach/Mini-Bus, 087/204 79 16

Auf der Höhe des Eingangs zum Hotel The Glendalough folgen Sie dem Wegweiser zum Wicklow Way nach rechts, überqueren umsichtig die R757 und steigen auf einem steinigen Pfad aufwärts. Sie erreichen nach knapp 100 m die R756, die Sie mit Bedacht ebenfalls überqueren. Auf der anderen Seite setzen Sie auf schmalem Pfad die Wanderung fort. In der Folge übersteigen Sie zwei Zauntritte, bevor der Weg Sie in den immergrünen Wald hineinlockt. Wieder verwöhnt Sie ein schmaler Pfad, der sich durch lauschigen Eichen- und Buchenwald bergauf windet und an einem quer laufenden Waldweg endet. Diesem folgen Sie nach rechts.

Ebenerdig führt der Waldweg nun entlang der Hangkante inmitten des abwechslungsreichen Brockagh Forest mit Kiefern und Eichen. An einem geeigneten Platz genießen Sie ein allerletztes Mal die Aussicht ❼ auf die beiden durch das Baumgrün glitzernden Seen und das tief in die Berge eingeschnittene Tal von Glendalough.

Auf felsigem Untergrund schlendern Sie nun behutsam abwärts, die Augen schweifen über die Ebenen rund um Laragh und die sanft ansteigenden Berge. Der Weg wird gesäumt von Ginsterbüschen und noch jungen Bäumen. Er schwenkt gemächlich nach links. Der Untergrund wechselt zu Schotter und Sie erreichen eine Gabelung. Sie gehen geradeaus und wandern durch grünen, mit Kiefern durchsetzten Mischwald und schauen in die Ferne zu den Bergen, die am kommenden Tag auch Ihr Wanderziel sein werden. Der Wicklow Way beschreibt eine enge Rechtskurve.

Noch im Abstieg gelangen Sie gut 300 m danach an eine Wegkreuzung. Für heute sagen Sie Adieu zum Wicklow Way, der geradeaus weiterführt. Wenn Sie eine Unterkunft in Laragh gebucht haben, halten Sie sich hier bei dem Schild „Outdoor-Store“ nun rechts. Das B&B Pinewood Lodge erreichen Sie nach 400 m. Weiter geradeaus kämen Sie in die Ortsmitte.

☺ Vielleicht wollen Sie am nächsten Tag der Klosteranlage und den beiden Seen einen weiteren Besuch abstatten, um sich alles in aller Ruhe anzuschauen und zu flanieren. Der Weg dorthin ist entlang der R756 nicht allzu weit und die folgende Etappe ist auch absichtlich kürzer gefasst und kann daher gut erst gegen Mittag begonnen werden, sodass Sie ausreichend Zeit haben. Und frühmorgens lässt sich in aller Stille die besondere Atmosphäre des Ortes viel besser aufnehmen.

Laragh

B&B ✕ ☕ ⛽ 🚌 🚗

B&B Pinewood Lodge B&B, Mary und Michael Cullen, Pinewood Lodge, Laragh, Glendalough, ☏ 04 04/454 37, 💻 www.pinewoodlodge.ie, ✉ pinewoodlodgeglendalough@gmail.com, ÜF EZ € 65, DZ € 84, 🚪 ganzjährig, irisches und kontinentales Frühstück, Lunchpakete, schöne Zimmer in sehr ruhiger Lage. Wir fühlten uns hier wohl. Zum Abendessen gingen wir rund 500 m zu The Wicklow Heather.

♦ Tudor Lodge, Jane und Jonathan Kenny, Laragh, Glendalough, ☏ 04 04/455 54, 💻 www.tudorlodgeireland.com, ✉ info@tudorlodgeireland.com, ÜF EZ € 55, DZ € 75, 🚪 ganzjährig, Lunchpakete

♦ Clondara B&B, Clare und Finian McEvoy, Laragh, Glendalough, ☏ 04 04/454 17, ÜF EZ € 50, DZ € 80, 🚪 1. Mai-31. Okt, Lunchpakete

♦ Heather House, Betty und John Kenny, Laragh, Glendalough, ☏ 04 04/452 36, ÜF EZ € 50-60, DZ € 75-80, 🚪 ganzjährig, Lunchpakete, Abendessen € 14,95-27,95

♦ Bramble Rock B&B, Ann und Gerard Duffy, Laragh, Glendalough, ☏ 04 04/450 75, ÜF EZ € 50-55, DZ € 70-80, 🚪 März-Okt, Lunchpakete, 🚗 Hol- und Bringservice, Trockenraum für nasse Kleidung und Schuhe

✕ The Wicklow Heather, Laragh, Glendalough, ☏ 04 04/451 57, 💻 www.wicklowheather.ie, 🚪 Sa 8:00-22:00, So-Fr 8:00-21:30, leckere Gerichte, beispielsweise ein formidables Irish Stew, und eine mehrseitige Whiskeykarte mit einer großen Auswahl an irischen Whiskeys.

⛽ Petrol Station and Grocery Shop, R756, Laragh, ☏ 04 04/454 75, 🚪 7:00-20:30. Im Shop fanden wir ausreichend Lebensmittel, um uns für den kommenden Tag einzudecken.

🚌 Wicklow Way Bus, ☞ siehe Kapitel „Verkehrsmittel unterwegs“

♦ St. Kevins Bus Service, ☞ siehe Kapitel „Verkehrsmittel unterwegs“

🚗 Glendalough Cabs, 📱 087/972 94 52

♦ Gerry O'Toole, Coach/Mini-Bus, 📱 087/204 79 16

Das Dorf Laragh liegt am Rande der alten Klosteranlage von Glendalough. In Laragh finden Sie z. B. einen Minimarkt, einen Outdoorladen, Delikatessengeschäfte und Cafés, gutes Restaurantessen, ein Hostel und Hotels.

6. Etappe: Laragh – Oldbridge

9,1 km (6,7 km ohne Zuwege), 2 Std. 45 Min. (2 Std. ohne Zuwege), ↑ 361 m, ↓ 247 m (↑ 315 m, ↓ 247 m ohne Zuwege), ⇧ 183-367 m (⇧ 183-367 m ohne Zuwege)

0,0 km	⇧ 188 m	Laragh (B&B Pinewood Lodge) B&B
0,4 km	⇧ 205 m	Abzweig Pinewood Lodge (Laragh) (Einstieg in den Wicklow Way)
0,7 km	⇧ 185 m	Holzbrücke
3,3 km	⇧ 350 m	Brusher Gap Hut
4,2 km	⇧ 288 m	Trinkwasserstelle
5,3 km	⇧ 236 m	Zufahrt Glendalough House
7,1 km	⇧ 212 m	Oldbridge (Verlassen des Wicklow Way) (nach Roundwood B&B)
9,1 km	⇧ 284 m	Lough Dan House B&B

Ein idyllischer Wald versüßt den Start in den Wandertag und der Glenmacnass sprudelt zu Ihren Füßen, bevor Sie durch ein Lärchenwäldchen den Paddock Hill erklimmen. Genießen Sie nun die schönen Aussichten, strecken Sie bei einer Rast an der Brusher Gap Hut die Füße aus und schlendern Sie dann mit weiten Sichten hinunter zur Landstraße. Auf dem letzten Teilstück bis zum Lough Dan passieren Sie das große Areal von Glendalough House und erreichen nach einem kurzen Auf und Ab Oldbridge. Wenn Sie im Lough Dan House B&B übernachten, wandern Sie nun die beiden letzten Kilometer des Tages nahe dem See am Hang hinauf.

Die heutige Etappe beginnen Sie bei der Pinewood Lodge. Sie wandern rechts von der Zufahrt zum B&B leicht ansteigend bis zur Wegkreuzung. Dort beginnen Sie den heutigen Weg auf dem Wicklow Way. Sie halten sich rechts, verlassen aber nach 20 m bei einem von Blattwerk überwucherten Wegweiser den Weg nach links und wechseln auf einen schmalen, mit Wurzeln durchzogenen Pfad. Dieser leitet Sie durch den malerischen und mit einem Teppich von Heidelbeeren und Glockenblumen dekorierten Wald. Eichen und Birken, Weiden und Vogelbeerensträucher säumen den Weg, der sich abwärts ins Tal schlängelt, wo Sie eine neue Holzbrücke erreichen ❶. Sie überqueren den Fluss Glenmacnass, der in Laragh in den Avonmore River mündet. Bekannt ist der Glenmacnass für seinen 80 m

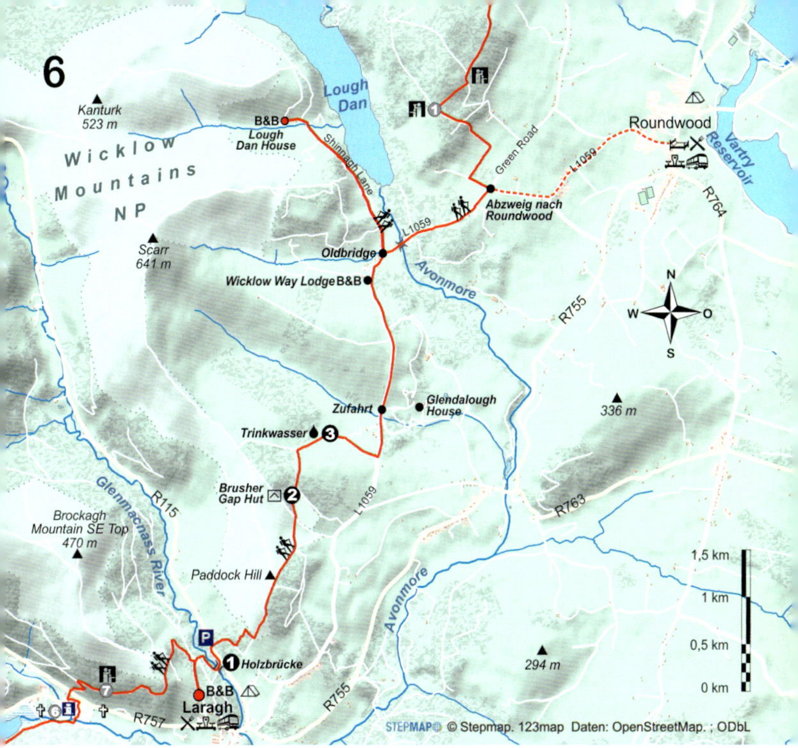

hohen Wasserfall, der sich zwischen den Bergen Tonalegee (817 m) und Scarr (641 m) nahe der Old Military Road (R115) ins Tal ergießt.

Gleich nach der Brücke halten Sie sich an einer Weggabelung links. Ein Holzbohlenweg führt Sie über feuchtes Gelände und viele kleine Bäche rinnen links und rechts. Kurz wechseln Sie auf sicheren Untergrund, um nochmals die Wanderschuhe auf Holzbohlen zu setzen. Sie verlassen das Waldstück an einem Parkplatz an der Old Military Road (R115), überqueren diese umsichtig und setzen den Weg auf der anderen Seite fort.

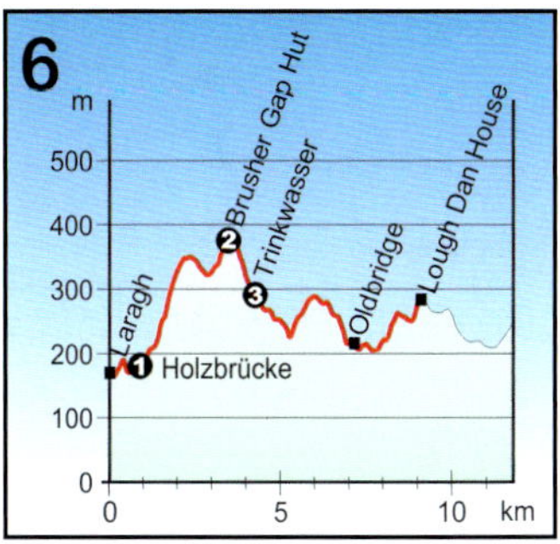

↬ Der Parkplatz bietet sich als Treffpunkt für einen Hol- und Bringservice an. Zudem können Sie die R115 in Richtung Laragh hinuntergehen; den Ortsrand erreichen Sie nach rund 1,2 km.

Sie passieren eine Wegschranke, wandern rund 200 m im sanften Anstieg geradeaus, folgen dann einer Rechtskurve und verlassen nach 100 m den befestigten Waldweg an einer gut ausgeschilderten Stelle nach links.

Nun hangelt sich der Pfad, manchmal über Holzstufen, bergauf durch das Lärchenwäldchen, beschreibt nach 200 m eine scharfe Rechtskehre und verlässt knapp 150 m darauf das Waldgebiet. Sie genießen den frischen Wind, der Ihnen nun die nächste Zeit um die Nase weht, queren einen defekten Zauntritt und erklimmen den Paddock Hill. Setzen Sie sich doch ins weiche Gras fast inmitten von Heidekräutern und Farnen und saugen Sie einige intensive Momente lang die famose Aussicht ein, bevor Sie die letzten Meter bergan zurücklegen. Rechter Hand breitet sich ein neu aufgeforstetes Fichtenwäldchen aus, links die offene Heidelandschaft. Der Wicklow Way senkt sich auf steinigem Weg wieder hinab, doch das Augenmerk gilt nicht nur dem Weg, sondern auch den schönen Ausblicken ins Umland.

Schöne Aussichten nach Laragh

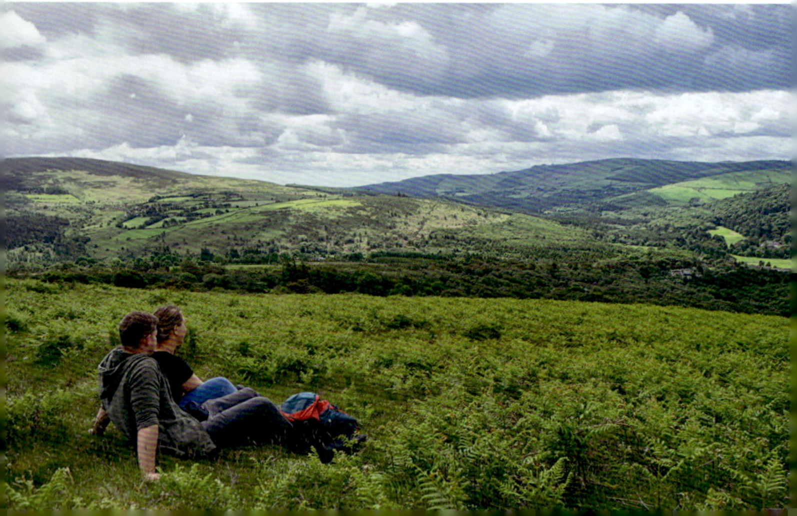

Sie erreichen im Abstieg eine Weggabelung, orientieren sich mit dem Wegweiser nach links, wandern auf grasbewachsenem Untergrund und steigen über einen Zauntritt. Der Wicklow Way klettert gemächlich hinauf, erreicht einen Wald mit Sitka-Fichten und die ⌂ Brusher Gap Hut ❷, eine Schutzhütte zum Übernachten – und sicher eine gute Gelegenheit, um sich ein erfrischendes oder wärmendes Getränk auf dem ⩩ Rastplatz einzuverleiben. Die weite Aussicht versüßt die Rast. Kurz danach haben Sie mit 367 m den höchsten Punkt der heutigen Wanderung passiert.

Nach dem Waldgebiet öffnet sich die Sicht ein weiteres Mal. Die Landschaft breitet sich wie ein Gemälde vor den Augen aus, während Schafe auf einer Weide auf Tuchfühlung grasen. An den Weiden entlang verläuft der Weg hinunter bis zur Brusher Gap. Dort sollen nach der Revolution im Jahr 1798 Menschen der Region für Michael Dwyer und seine Gefolgsleute Nahrungsmittel hinterlegt haben. Hier klettern Sie erneut über einen Zauntritt und halten sich dann rechts.

Michael Dwyer und Robert Emmet

Michael Dwyer wurde 1772 als ältestes von sieben Kindern im Townland Camara, Wicklow geboren. Die Familie zog 1784 auf eine Farm im Glen of Imaal, das sich zu Füßen des Lugnaquilla erstreckt. Dwyer war ein Rebell und Anführer der United Irishmen. Gemeinsam mit seinen Getreuen griff er auch kleine militärische Trupps der britischen Krone an. Zahlreiche Deserteure aus regulären Militäreinheiten schlossen sich Dwyer an und Wicklow wuchs zur Rebellenhochburg. Am 15.02.1799 wurden Dwyer und ein Dutzend seiner Männer in einer Hütte im Glen of Imaal umzingelt; Dwyer entkam als einziger unverletzt.

Später nahm Dwyer Kontakt zu Robert Emmet auf. Emmet führte einen Aufstand in Dublin an, zu dem dieser auch Dwyers Rebellen aus Wicklow verpflichten wollte. Das kam letztlich nicht zustande. Die Rebellion scheiterte, Emmet wurde gefangen genommen und im Kilmainham Gaol in Dublin (☞ S. 155) inhaftiert. Am 20.09.1803 wurde Emmet öffentlich erhängt und dann geköpft. Michael Dwyer kapitulierte am 14. Dezember 1803. 1806 wurde er mit seiner Frau Mary, Verwandten und John Mernagh, einem weiteren Anführer aus dem Glen of Imaal, mit dem Schiff Tellicherry von Cobh nach New South Wales in Australien gebracht; dort konnte er sich als freier Siedler nahe Sydney niederlassen. Michael Dwyer starb im August 1825 in Sydney.

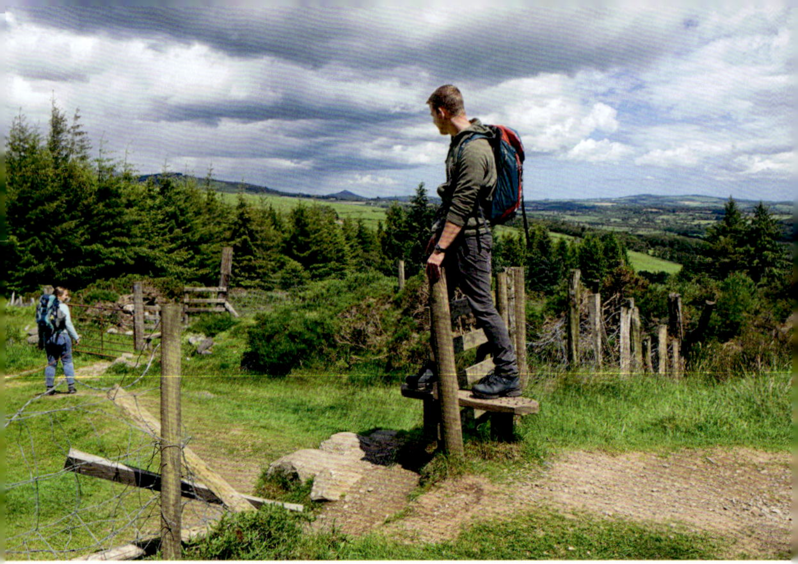

Und bitte immer den Zauntritt benutzen

Auf einem Feldweg geht es weiter hinunter. Sie nutzen einen Zauntritt und gehen an einem Farmhaus vorbei, bei dem die Eigentümer eine ausgeschilderte Trinkwasserstelle ❸ für Wanderer eingerichtet haben. Sie folgen der ausgebauten Straße und erreichen die L1059. Lenken Sie Ihre Füße nun nach links auf die Straße nach Oldbridge. Beachten Sie den Autoverkehr. Die Straße führt Sie auf 2,5 km vorbei an einigen Wohngebäuden. In der Talsenke quert die Straße einen Bach, um dann umgrenzt von Bäumen, Büschen und Wiesen wieder anzusteigen. Kurz nach der Bachquerung passieren Sie die Zufahrt zum Glendalough House, von dem Sie außer exakt getrimmtem Rasen und blickdichten Bäumen nichts sehen.

Glendalough House

Das Glendalough House wurde Mitte des 18. Jahrhunderts erbaut. Es liegt eingebettet in einem rund 6 km² umfassenden Areal, das auch mit Parkanlagen und Wassergärten beeindruckt. Heutzutage wird das Glendalough House überwiegend als Veranstaltungsort genutzt, die Parkanlagen dienten als Schauplätze für Film- und Serienproduktionen wie Excalibur und Vikings. Auf dem Anwesen wurden zudem bedeutende archäologische

Funde gemacht wie *bullaun stones* oder *rock art*, also Steine mit frühen symbolischen Markierungen. Das Glendalough House ist nur im Rahmen von Veranstaltungen zugänglich.

Sie passieren linker Hand das B&B Wicklow Way Lodge wenige Meter vor Oldbridge direkt am Wicklow Way.

B&B Wicklow Way Lodge, Marilyn und Seamus Kinlan, Oldbridge, Roundwood, ☏ 01/281 84 89, 💻 www.wicklowwaylodge.com, ✉ wicklowmk@gmail.com, ÜF DZ € 110-115, 🚪 1. April-Anfang Okt, komplettes irisches, kontinentales, veganes oder vegetarisches Frühstück, Lunchpakete, Trockenraum für nasse Kleidung und Schuhe, Zelten ab 2020 voraussichtlich möglich

Ein kurzes Wegstück später haben Sie an einer Weggabelung Oldbridge erreicht. Der Wicklow Way führt rechts auf der L1059 weiter. An diesem wenig spektakulären Ort steigen Sie heute aus dem Wicklow Way, während die Etappe weiter zum Lough Dan B&B führt.

☺ ↳ Dies ist ein guter Platz, um sich mit einem Hol- und Bringservice zu treffen. Übernachtungsmöglichkeiten bestehen beispielsweise in Roundwood. Von Oldbridge liegt Roundwood rund 5 km entfernt. Sie können aber auch dem Wicklow Way noch ein Stück weiter folgen (☞ Wegbeschreibung 7. Etappe) und Roundwood auf einem Zuweg zu Fuß erreichen (☞ Infos zu Roundwood S. 120).

Wenn Sie, wie unser kleines Wanderteam, also im 2 km entfernten Lough Dan B&B übernachten wollen, dann halten Sie sich an der Weggabelung links und gehen nun auf der Shinnagh Lane. Die wenig befahrene Straße führt an einigen Wohnhäusern vorbei. Rechts fließt der Avonmore, der vom Lough Dan gespeist wird.

Den Lough Dan sehen Sie nur selten, wenn Sie eine Lücke zwischen den Baumreihen finden. Dabei gewinnen Sie dann einen Eindruck, wie idyllisch der See im Talgrund ruht. Auf der gegenüberliegenden Seeseite erkennen Sie einen schmalen Sandstrand, bei dem der River Cloghoge vom Lough Tay kommend in den See fließt. Auf unserem Weg zum B&B

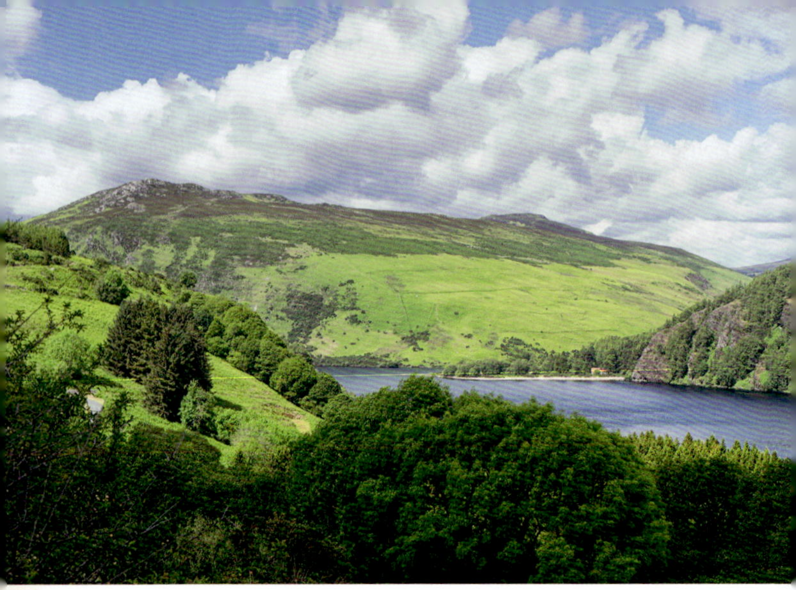

Blick auf Lough Dan mit der Mündung des Cloghoge

konnten wir keinen erlaubten Zugang aufstöbern, um ans Ufer zu gelangen, und selten sahen wir so viele „Private Property"-Schilder wie auf dieser kurzen Wegstrecke.

Das Lough Dan House liegt ziemlich abgeschieden fast am Ende der Straße rechts des Wegs. Der Vorteil ist natürlich, dass es zu allen Zeiten sehr still rund um das B&B herum ist.

B&B Lough Dan House, Theresa und Sean Byrne, Carrigeenduff, Roundwood, ☏ 01/281 70 27, 087/267 23 31, www.walkinginireland.eu und www.loughdanhouse.com, walking@loughdanhouse.com, ÜF DZ € 95-110, ganzjährig, komplettes irisches Frühstück, Lunchpakete, 3-Gänge-Abendessen € 25-30, Hol- und Bringservice, Preis nach der Entfernung (Taxientgelt), Waschen gegen Entgelt, ruhiges Haus mit Blick auf den Berg Scarr, leider ist Lough Dan durch die dicht stehenden Bäume verdeckt. Das Lough Dan House bietet geführte und individuelle Touren und Komplettpakete für den Wicklow Way. Die gute Lage prädestiniert das B&B zum Ausgangspunkt für Wanderungen in der nahen Region.

7. Etappe: Oldbridge – Enniskerry

29,9 km (23,1 km ohne Zuwege), 8 Std. 45 Min. (6 Std. 15 Min. ohne Zuwege), ↑ 694 m, ↓ 910 m (↑ 690 m, ↓ 801 m ohne Zuwege), ⇧ 70-626 m (⇧ 102-626 m ohne Zuwege)

0,0 km	⇧ 284 m	Lough Dan House B&B
2,0 km	⇧ 212 m	Oldbridge (Einstieg in den Wicklow Way)
3,4 km	⇧ 278 m	Abzweig nach Roundwood B&B
4,8 km	⇧ 365 m	Aussicht auf den Lough Dan
10,3 km	⇧ 499 m	Abstecher beim Lough Tay über Ballinastoe Car Park
10,8 km	⇧ 503 m	JB Malone Memorial
13,0 km	⇧ 622 m	Abzweig zum Djouce
16,3 km	⇧ 336 m	The Watergates
17,6 km	⇧ 277 m	Rastbank am Ride Rock
22,6 km	⇧ 165 m	Parkplatz nahe dem Knockree Youth Hostel
25,1 km	⇧ 251 m	Curtlestown Car Park (Verlassen des Wicklow Way)
29,9 km	⇧ 70 m	Enniskerry (The Enniskerry Inn) B&B ⌘

Auf der längsten der acht Etappen werfen Sie kurz nach dem Beginn einen letzten Blick hinunter auf den Lough Dan. Später finden Sie sicher Gefallen an Aussichten zum Vartry Reservoir und über das weite Land. Sie nähern sich dann dem Lough Tay, stromern durch einen dunklen Wald und gleich darauf reiht sich eine Aussicht auf Lough Tay und in die Landschaft an die nächste. Beim JB Malone Memorial lassen Sie die Beine baumeln. Die Rast tut wohl, denn danach geht es hinauf auf den White Hill und als Abstecher auf den Djouce. Sie wandern hinunter ins Tal des Dargle River und an Berghängen entlang mit Blicken auf den Powerscourt Waterfall. Später folgt ein stetes Auf und Ab, bis Sie den Zielpunkt am Curtlestown Wood erreichen.

Die Etappe beginnt am Lough Dan B&B. Sie wandern vom B&B die Shinnagh Lane bergab bis Oldbridge. An der Kreuzung wenden Sie sich auf der L1059 nach links in Richtung Roundwood. Die ersten Schritte führen Sie entlang von Weideland, dann schlüpfen Sie in den Lake Park, überqueren den Avonmore River über die Lough Dan Bridge und ziehen nun für 1,5 km auf der gemächlich ansteigenden Straße des Wegs, die zum Ende

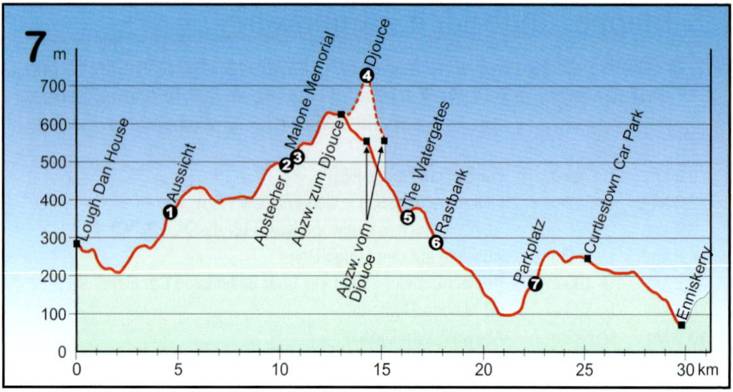

hin wieder durch offenes Land führt. Dabei achten Sie natürlich auf den Autoverkehr. Sie stoßen auf eine Straßenkreuzung, an der Sie sich gut ausgeschildert nach links orientieren.

Von dieser Kreuzung erreichen Sie auch Roundwood. Falls Sie dort eine Übernachtung gebucht haben, einkehren oder einkaufen möchten, gehen Sie hier mit der L1059 nach rechts, nach 700 m dann links, weiterhin auf der L1059, bis Sie nach insgesamt 2,5 km die Ortsmitte von Roundwood erreichen. Der Abzweig am Wicklow Way ist sicher auch als Treffpunkt für einen Hol- und Bringservice geeignet.

Roundwood B&B

B&B The Coach House, Niall, Edel und Brian Lawlor, Main Street, Roundwood, ☏ 01/281 81 57, www.thecoachhouse.ie, bookings@thecoachhouse.ie, ÜF EZ € 40-45, DZ € 70-80, B&B ganzjährig, Restaurant/Bar So-Do 12:00-23.30, Fr-Sa 12:00-03:30, Sa u. So Livemusik, Mahlzeiten von 12:00-20:00, Biere aus der Region, Lunchpakete

B&B Ashlawn B&B, Catherine Jenkinson, Mullinaveige, Roundwood, ☏ 01/281 83 56, 087/902 50 98, ÜF EZ € 50, DZ € 76, April-Okt, Lunchpakete, Hol- und Bringservice zum Wicklow Way und nach Roundwood, 3 km nördlich von Roundwood an der L1036

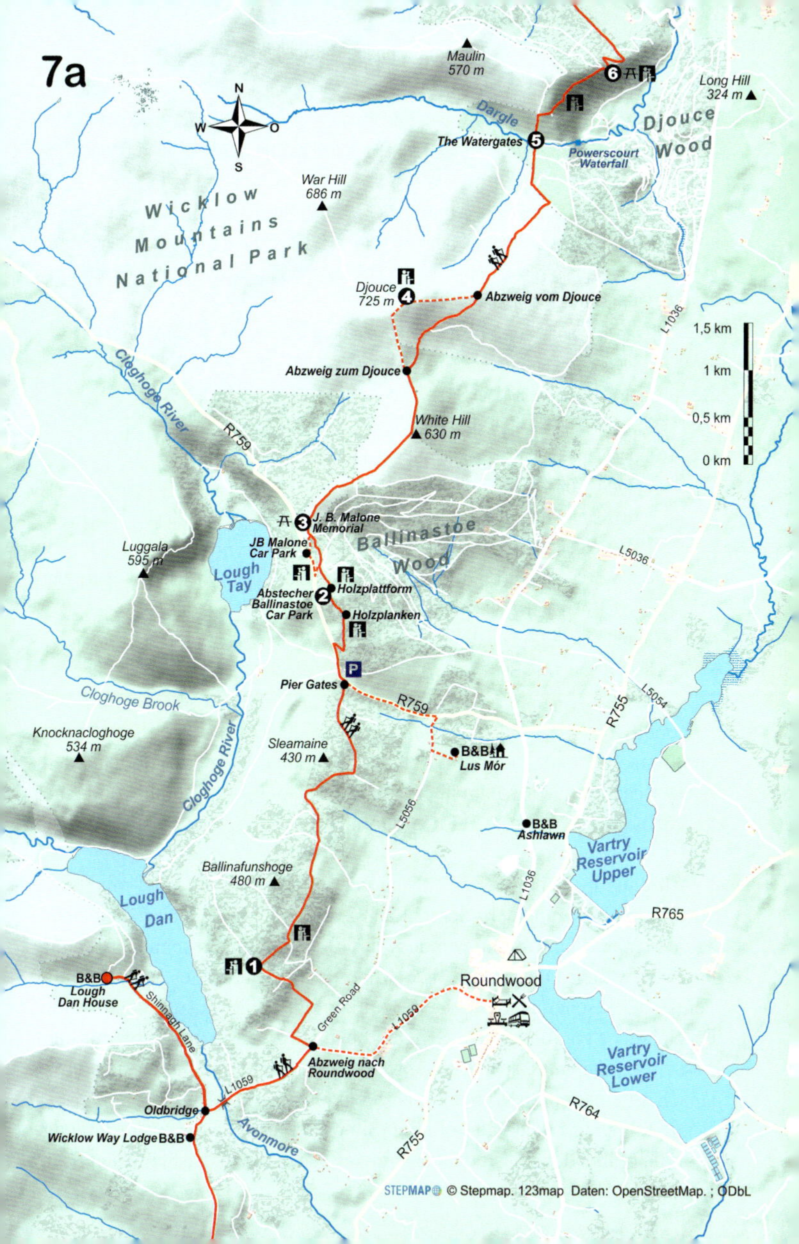
7a
N
W
O
S
Wicklow Mountains National Park
Maulin 570 m
Long Hill 324 m
Dargle
Djouce Wood
The Watergates 5
Powerscourt Waterfall
War Hill 686 m
Djouce 725 m 4
Abzweig vom Djouce
Abzweig zum Djouce
L1036
1,5 km
1 km
0,5 km
0 km
Cloghoge River
R759
White Hill 630 m
3 J. B. Malone Memorial
Ballinastoe Wood
JB Malone Car Park
Luggala 595 m
Lough Tay
Abstecher Ballinastoe Car Park 2
Holzplattform
Holzplanken
L5036
Pier Gates
R759
L5054
R755
Cloghoge Brook
Knocknacloghoge 534 m
Sleamaine 430 m
B&B Lus Mór
L5056
B&B Ashlawn
Vartry Reservoir Upper
Ballinafunshoge 480 m
Lough Dan
L1036
R765
1
B&B Lough Dan House
Shinnagh Lane
Roundwood
Green Road
L1059
Abzweig nach Roundwood
Vartry Reservoir Lower
L1059
Oldbridge
Wicklow Way Lodge B&B
Avonmore
R764
R755
STEPMAP © Stepmap. 123map Daten: OpenStreetMap. ; ODbL

B&B Riverbank B&B, Josie McCabe, Roundwood, ☏ 01/281 81 17, 086/648 50 64, ÜF EZ € 50-55, DZ € 75, April-Okt, Lunchpakete, Hol- und Bringservice vereinbar

Roundwood Caravan & Camping Park, Laragh Road, Roundwood, ☏ 01/281 81 63, www.dublinwicklowcamping.com, info@dublinwicklowcamping.com, Ende April-Anfang Sep, € 13 pro Zelt und Person, Reservierung empfohlen, 750 m vom Ortskern entfernt

Byrne & Woods Bar & Restaurant, Roundwood, Oldtown, ☏ 01/281 70 78, www.byrneandwoods.com, Mi 12:30-20:00 u. Do-So 12:30-21:00

Centra, Unit 2 & 3, Main Street, Roundwood, ☏ 01/281 84 34, Mo-Mi 7:00-21:30, Do-Sa 7:00-22:00, So 8:00-21:30

Roundwood Post Office, Main Street, Roundwood, ☏ 01/281 85 74, Mo-Fr 9:00-17:30, Sa 9:00-13:00

Roundwood Pharmacy, Main Street, Roundwood, ☏ 01/201 29 46, Mo-Fr 9:00-18:00 u. Sa 9:00-17:30

St. Kevins Bus Service, von Dublin nach Glendalough, siehe Kapitel „Verkehrsmittel unterwegs“

Gerry O'Toole, Taxi u. Mini-Bus, 087/204 79 16

♦ Sean Byrne, Mini-Bus, 087/267 23 31

Roundwood (*irisch: An Tóchar*) liegt an der Hauptverkehrsstraße von Dublin nach Glendalough inmitten von Bergland, Wäldern und nahe dem Vartry Reservoir. Mit 238 m über dem Meeresspiegel ist Roundwood einer der höchstgelegenen Orte auf der „Grünen Insel“.

Auf einem geschotterten Feldweg geht es nun sanft abwärts mit feinen Blicken hinüber zum Berg Scarr. Nach 250 m halten Sie sich rechts, übersteigen einen Zauntritt und wandern für 400 m auf einem schmalen, steinigen Weg weiter. Dieser wird links von einem Fichtenstück umrahmt und rechts von Büschen und niedrigen Bäumen sowie einer ausufernden Weide, die vielleicht von blökenden Schafen bevölkert ist. Sie passieren auf dem Weg ein *kissing gate*, später einen weiteren Zauntritt und halten sich direkt danach an einer eher unscheinbaren Wegkreuzung links.

Die folgenden rund 300 m führen Sie weiter an der Schafweide entlang. Über die blühenden Ginsterbüsche hinweg sehen Sie in der Ferne den Scarr und dann, wenn sich der Weg langsam hochschiebt und Sie sich vor dem nächsten Zauntritt noch einmal umwenden, weitere Berge der Wicklow Mountains.

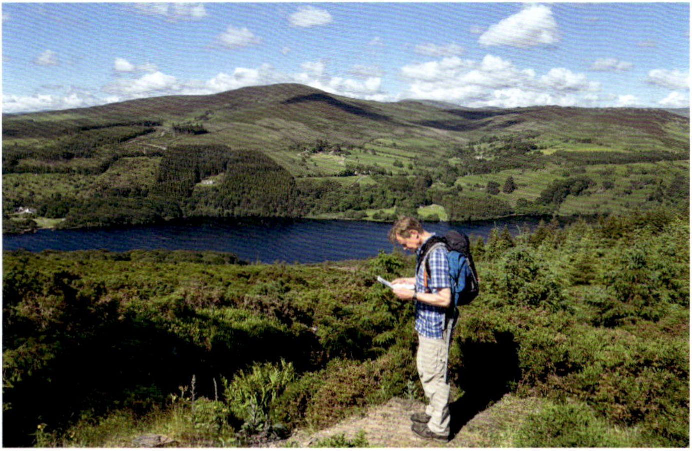

Orientierung oberhalb von Lough Dan

Nun geht es auf weichem Waldboden durch den Fichtenwald zügig den Berg hinauf. Sie treffen nach einer leichten Rechtskurve mit Wegweiser auf einen breiteren Waldweg, dem Sie sich nach links anschließen. Der Fichtenwald scheint kein Ende zu nehmen, doch nach 300 m lichtet sich der Wald und verschafft eine feine Aussicht auf den Lough Dan ❶.

Hier halten Sie sich rechts, ↳ sollten aber zuvor eventuell einige Schritte geradeaus gehen, denn mit jedem Meter gewinnen Sie einen herrlichen Aussichtspunkt nach dem anderen. Der Lough Dan breitet sich wie ein kobaltblauer Spiegel unter Ihnen aus, darüber leuchten die Wälder, Wiesen und Weiden in einer Palette von unzähligen Grüntönen und über allem steigen der Scarr und die übrigen Gipfel nahe dem See erhaben auf. Genießen Sie den Augenblick, bevor Sie sich, wie zuvor erwähnt, bei der Weggabelung dem Hanganstieg zuwenden.

Der Pfad führt Sie am Berg Ballinafunshoge (irisch: *Baile na Fuinseog*) entlang, heute eine Plantage mit Fichten und Kiefern. Der Name heißt übersetzt aber „Ort der Eschen“ und weist darauf hin, dass hier früher Eschen wuchsen. Im Anstieg wechseln Sie nach rund 250 m zu einer neu angepflanzten Baumplantage. Sie erreichen einen quer laufenden Waldweg, der Sie nach links durch einen jüngst gerodeten Bestand der Ballinafunshoge Woods mitnimmt. Dadurch bieten sich schöne Blicke über die weit ausladende Region in Richtung Lower und Upper Vartry Reservoir.

Vartry Reservoir

Von 1862 bis 1868 wurde ein Damm bei Roundwood zum späteren Lower Vartry Reservoir gebaut, mit dem der Fluss Vartry gestaut wurde. Durch den Stausee wurde Mitte des 19. Jahrhunderts die Trinkwasserversorgung in Dublin verbessert. Bis zu diesem Zeitpunkt tranken die Dubliner unreines Wasser aus den Kanälen oder direkt aus den Flüssen. Von nun an wurde das Wasser nach Stillorgan, einer südlichen Vorstadt Dublins, gepumpt.

Aber Dublin wuchs und mehr Menschen mussten mit Trinkwasser versorgt werden. Das Upper Vartry Reservoir wurde 1923 fertiggestellt und verfügt etwa über die halbe Kapazität des ersten Stausees. Besonders markant sind die kleinen, burgähnlichen Türme an der Südseite, die als schönes Fotomotiv dienen.

Folgen Sie nun dem Hauptweg und beachten Sie abzweigende Nebenwege nicht. Sie halten sich an einer Weggabelung des Hauptwegs rechts. Danach beschreibt der Wicklow Way eine weite Rechtskehre unterhalb des 430 m hohen Sleamaine. Sie erreichen 500 m danach die nächste Weggabelung. Hier wandern Sie links weiter.

Nach 1 km erreichen Sie hinter einer Wegschranke bei den Pier Gates die zeitweise stark befahrene R759. Auf dieser sind auch Reisebusse unterwegs, die Reisende, die nicht ganz so wanderfähig wie Sie sind, den Berg hinauf an die Aussichtspunkte befördern.

Orientieren Sie sich nach links. Rechter Hand entdecken Sie an der R759 einen großen Parkplatz, der gut als Treffpunkt für Hol- oder Bringdienste geeignet ist. Vielleicht haben Sie Glück und entdecken wie wir auf dem Parkplatz eine Herde von wilden Ziegen, die nicht selten in den Wicklow Mountains anzutreffen sind.

↳ Wenn Sie die R759 für 1 km rechts abwärts gehen, dann die nächste Straße, die L5056, nach rechts nehmen und 400 m weiter nach links wenden, gelangen Sie zur Unterkunft Lus Mór.

B&B Lus Mór B&B & Hostel, James Pierce, Sleamaine, Roundwood, 083/311 76 36, www.lusmor.ie, info@lusmor.ie, ÜF EZ € 50, DZ € 75, Familienzimmer € 90-120, März-Nov, im Winter nicht durchgängig (anfragen), kontinentales und (auf Anfrage) kleines irisches Frühstück, Lunchpakete, Abendessen wird für € 12-16 angeboten, Hol- und Bringservice € 4 pro Person, aber mindestens € 10, Waschen für € 5 je Waschladung, zwei Miniponys und ein Hund finden sich hier auch. Das B&B liegt rund 4 km von Roundwood, aber nur rund 1 km vom Wicklow Way entfernt.

Sie gehen sehr umsichtig für 500 m bergauf. Wanderpassagen über Straßen sind selten schön, diese aber verleitet immer wieder dazu, den Blick vom Asphalt in Richtung des Lough Tay zu lenken.

Der Lough Tay und die Familie Guinness

Der Lough Tay (irisch: *Loch Té*) wird vom Fluss Cloghoge gespeist, der dann im Süden tiefer ins Tal fließt und später in den Lough Dan mündet. Der Lough Tay ist bis zu 35 m tief. Besonders auffällig sind im Westen des Sees die Granitfelsen des 595 m hohen Luggala, der ein beliebtes Wanderziel bildet. Zum Norden hin ziehen sich die Gebirgszüge bis zum Djouce und an der Nordseite des Sees breitet sich ein weißer Sandstrand aus, der nicht natürlichen Ursprungs ist, sondern von der Familie Guinness dort angelegt wurde. Die tiefdunkle Wasseroberfläche und dieses weiße Stück Strand lassen den Lough Tay wie ein riesiges Glas Guinness ausschauen, weshalb er auch als Guinness-See bezeichnet wird.

In verschiedenen TV- und Filmproduktionen spielte der wunderschön gelegene See eine Rolle, beispielsweise im Kinofilm Excalibur von John Boorman oder der Serie Vikings. Direkt vom Wicklow Way oder nach kleinen Abstechern sind wunderschöne Ausblicke auf den Lough Tay möglich und natürlich ist er auch ein beliebtes Ziel für Auto- und Bus-Touristen.

Der Lough Tay gehörte zum Eigentum der Familie Guinness. Ihr Anwesen wurde im Jahr 2019 verkauft. Öffentlich zugänglich war das Areal bis dahin immer nur mit Erlaubnis der Eigentümer; wie dies nun in Zukunft gehandhabt wird, ist ungewiss. Das Jagdhaus wurde 1787 erbaut, 1937 von Ernest Guinness gekauft und als Hochzeitsgeschenk an seine Tochter Oonagh überreicht. 1970 übergab sie das Areal an ihren Sohn Garech Browne.

Garech Domnagh Browne (auch bekannt als Garech de Brún) genoss nicht nur als Kunstsammler einen ausgezeichneten Ruf, sondern war 1959 auch Mitbegründer von Claddagh Records, die sich auf traditionelle irische Musik spezialisierten. Zu den wichtigsten Künstlern gehörten die Chieftains, bei Claddagh veröffentlichten sie ihr erstes Album. Geboren wurde Garech Browne als ältester Sohn des 4. Barons Oranmore und dessen Ehefrau Oonagh, der wohlhabenden Erbin aus der Guinness-Dynastie. Garech Browne war niemals aktiv im Brauereiwesen tätig, aber wenn er in Irland weilte, dann wohnte er im Anwesen am Lough Tay. Bekannte Schriftsteller, Schauspieler oder Musiker wie die Beatles, Mick Jagger oder Bono von U2 weilten im Ort Luggala, der schon zu Zeiten von Oonagh Guinness ein bedeutendes künstlerisches Zentrum bildete. Garech Browne starb am 10. März 2018.

Nach dem Straßenabschnitt achten Sie auf den Wegweiser, der Sie rechts in den Ballinastoe Wood hineinführt. Sie passieren eine hölzerne Wegschranke, sollten sich aber die Zeit nehmen, um für einige Minuten den Blick über das faszinierende Landschaftsbild zu werfen. Dieses bietet sich Ihnen mit den Bergen um den beherrschenden Luggala; seine schroffen Felswände fallen schier kerzengerade zum See ab.

Gut 100 m wandern Sie durch düsteren Fichtenwald, folgen dann einer Linkskehre und legen das nächste Wegstück über Holzbohlen schnurgerade bergan zurück. Nach weiteren 300 m lassen Sie den Wald hinter sich. Auf einem mit feinem Splitt belegten Weg stromern Sie durch eine neu angepflanzte Fichtenschonung.

↳ Keine 50 m nach dem Waldstück legen Sie den ersten Abstecher ein, der Sie rechts über einige Holzplanken zu einem schönen Aussichtspunkt mit Blick in Richtung Küste führt.

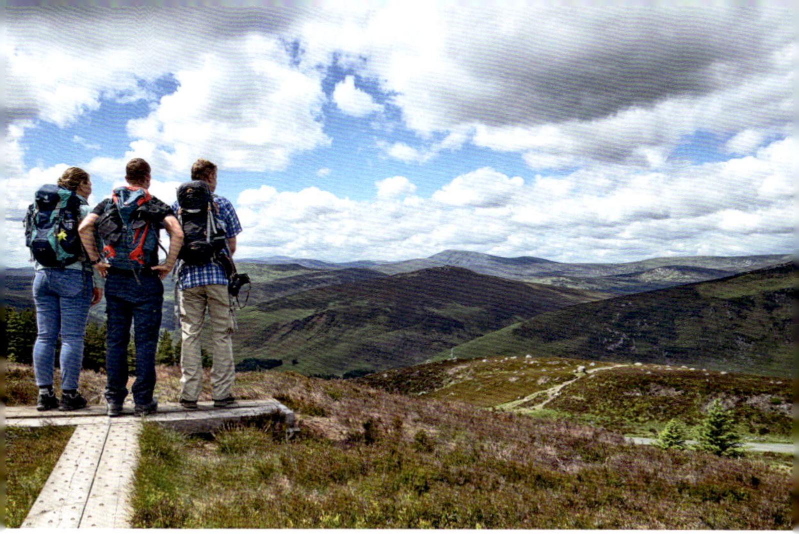

Weite Sicht über die Wicklow Mountains

Dann schlendern Sie weiter bergauf, bis Sie nach 250 m an einer kleinen Wegkreuzung den nächsten Abstecher ❷ nach links einlegen können.

Dabei gelangen Sie nach etwa 150 m zum Ballinastoe Car Park an der R759. Wenn Sie nun die Straße – natürlich umsichtig – überqueren, erreichen Sie einen der lange Zeit beliebten kleinen Pfade, die auf die Anhöhe oberhalb des Lough Tay führten. Nachdem der langjährige Eigentümer des Areals, Garech Browne, verstorben war, wurden „Private Property"-Schilder installiert, die das Betreten des Geländes verbieten. Natürlich respektieren Sie diese Verbotsschilder! Sollte das Begehungsverbot wieder aufgehoben worden sein, was durchaus möglich ist, gehen Sie auf dem ausgetretenen Pfad noch ein kleines Stück und genießen Sie den spektakulären Blick über den tief unter Ihnen liegenden See.

Achten Sie darauf, dass das Gelände später zum See hin stark abschüssig ist.

Danach geht es über den Parkplatz zurück zum Wicklow Way, auf den Sie links einbiegen.

Vom Abzweig wandern Sie nun weiter hinauf, nur um 70 m weiter den nächsten Abstecher einzufügen.

↬ Wieder pflastern Holzbohlen den Weg, diesmal zu einem weiteren formidablen Aussichtspunkt auf einer kleinen Holzplattform mit viel Weitsicht. Sie schauen übers Meer hinaus und gen Süden über die Wicklow Mountains. Anschließend kehren Sie wieder auf den Wicklow Way zurück und biegen links auf ihn ab.

Wieder steigen Sie himmelan. Seien Sie übrigens nicht überrascht, wenn vermehrt Mountainbiker den Weg kreuzen, denn in den Ballinastoe Wood sind einige Touren speziell für Mountainbikefahrer ausgewiesen.

Nach 250 m haben Sie die Wahl zwischen zwei Optionen: Sie können weiter auf dem Wicklow Way bleiben oder einen letzten Abstecher beim Lough Tay einbinden.

↬ Wenn Sie Letzteres machen, gehen Sie nach einer leichten Rechtskurve auf einem schmalen Pfad nach links ein paar Schritte hinunter zu einem breiten Forstweg und dann links wieder zur R759. Beim kleinen Parkplatz queren Sie erneut die Landstraße und genießen noch mehr Blicke. An dieser Stelle befand sich vielleicht auch ein Hinweisschild mit der Aufschrift „Private Property“, doch trafen wir bei unserer Wanderung nur auf einen kahlen Rohrpfosten. Bitte trotzdem beachten, dass der Zutritt vielleicht verboten ist. Zudem können Sie mit der nötigen Vorsicht die R759 noch 300 m weiter bergauf gehen, um beim JB Malone Car Park einen letzten, bei unserem Besuch stark frequentierten Aussichtspunkt aufzusuchen. Wenn Sie den Abstecher zum JB Malone Car Park gemacht haben, gehen Sie vom Parkplatz wieder zurück zum breiten Forstweg. Sie treffen dann geradewegs auf den Wicklow Way.

Auf dem Wicklow Way touchieren Sie nach 50 m einen breiteren Forstweg, dem Sie rechts folgen. Sie verlassen ihn aber etwa 10 m weiter wieder nach links zwischen zwei großen Felsbrocken hindurch.

Der Weg führt nun durch einen jüngst aufgeforsteten Fichtenwald. Jetzt heißt es auch wieder achtgeben, denn Sie legen nun bis zu Füßen des Djouce rund 2,5 km fast durchgängig auf Holzbohlen zurück. Besonders bei Nässe und bei Wind – der hier oben immer weht, aber natürlich in der Windstärke wechselt – gilt es, das Gleichgewicht auf dem Holz zu halten. Gehen Sie also, falls nötig, vorsichtig und lieber langsamer als gewöhnlich. Das Wandern über die oft grasbewachsene Umgebung neben den Bohlenpfaden ist im Übrigen auch keine Lösung und ich rate davon ab. Zum einen sind die Untergründe hier oftmals matschig oder sumpfig, zum anderen soll die Natur durch die Holzbohlenpfade geschont werden. Laben Sie sich an den letzten Aussichten hinunter auf den Lough Tay.

300 m nach den Felsbrocken gibt es übrigens noch eine Möglichkeit, zum beim vorherigen Abstecher erwähnten JB Malone Car Park hinabzusteigen, ohne die R759 benutzen zu müssen. Halten Sie sich dafür am Abzweig hier links und folgen Sie dem ausgetretenen Pfad rund 200 m den Berg hinunter bis zum Parkplatz. Später gehen Sie denselben Weg wieder hinauf zum Wicklow Way.

Nach 400 m stetem Anstieg auf The Barr gelangen Sie zum JB Malone Memorial ❸. Eine Rastbank verführt Sie zum Beine ausstrecken und eine Brotzeit schmeckt bei diesen Ausblicken noch besser als sonst.

J. B. Malone

John James Bernard Malone wurde 1913 in Leeds/England als Kind irischer Eltern geboren. Schon früh erwachte seine Begeisterung fürs Wandern. Als junger Mann erwanderte er die Region um Dublin und die Wicklow Mountains und seine Wanderungen hielt er schriftlich fest. Von 1938 bis 1975 schrieb J. B. Malone die Kolumne „Over the Hills“ zum Thema Wandern für die Tageszeitung Evening Herald. Im Laufe seiner schriftstellerischen Tätigkeit veröffentlichte Malone Hunderte Beiträge zu bemerkenswerten Orten und Gebäuden in Dublin.

Es gab wenige Wanderbücher, die Malone interessierten, und so schrieb er selbst das 1964 veröffentlichte Buch „Walking in Wicklow.“ Außerdem präsentierte er in den 60er-Jahren bei RTÉ (Raidió Teilifís Éireann ist die öffentlich-rechtliche Rundfunkgesellschaft Irlands) eine Dokumentarserie mit dem bezeichnenden Titel „Mountain and Meadow“.

In seinen 40ern reifte in J. B. Malone die Idee zu einem markierten, langen Wanderweg in Wicklow. 1966 wurde eine erste Variante des Wicklow Way publiziert, aber erst 1979 gestaltete er den Wicklow Way so, wie er noch heute großteils verläuft. Im Jahr 1982 wurde der Wicklow Way offiziell eröffnet. Malones Wanderführer mit eigenen Wanderkarten zum Wicklow Way erschien 1988 unter dem Titel „The Complete Wicklow Way: A Step by Step Guide". J. B. Malone starb 1989 im Alter von 75 Jahren. In Erinnerung an den Wegbegründer des Wicklow Way wurde hoch über dem Lough Tay dieser Gedenkstein, das JB Malone Memorial, errichtet.

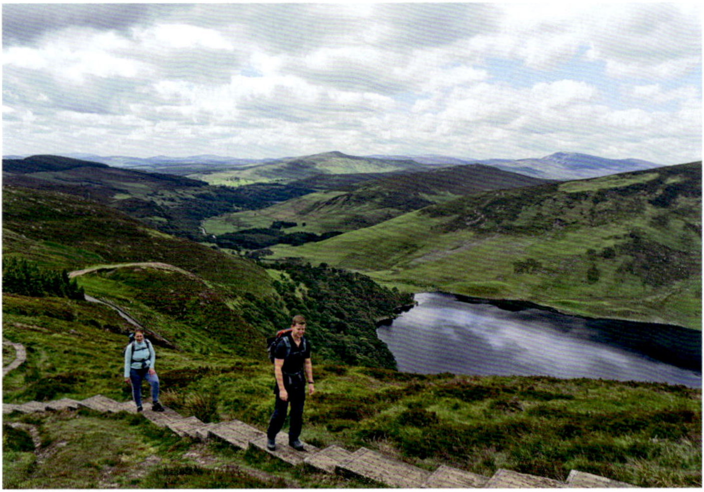

Sind so viele Stufen hinauf zum White Hill

Es geht also weiter über Holzbohlen, weiterhin mit Wind und Heidekraut wie ein Teppich links und rechts. Vor Ihnen erhebt sich der White Hill und bei ihm erklimmen Sie mit nahezu 626 m den höchsten Punkt auf dem regulären Wicklow Way. Die Aussichten sind einfach klasse, die Wicklow Mountains fächern aus und die Wasserreservoirs bei Roundwood glitzern im Sonnenlicht. Gar nicht mehr fern sehen Sie Schiffe in der Irischen See ihren Zielen entgegenschippern. Und wie ein graues Band zieht sich die R759 hinauf zum Sally Gap. Der Sally Gap ist einer von zwei Ost-West-Pässen in den Wicklow Mountains, von dem Sie im Norden nach Dublin, im Westen nach Blessington, im Osten nach Roundwood und im Süden nach Glendalough kommen. Am Sally Gap treffen sich die R759 und die R115 (Old Military Road) auf einer Höhe von rund 500 m mit weiten Blicken über die karge Moorlandschaft.

Erfreuen Sie sich unbeschwert an diesen intensiven Augenblicken, auch wenn Ihnen der Wind in den Nacken bläst oder Regentropfen Ihnen ins Gesicht fallen. Auch wenn diese Etappe zu den beliebtesten auf dem Wicklow Way zählt, werden Sie hier Einsamkeit spüren und wie weit weg der Lärm einer Stadt ist.

In einer Talsenke steigen Sie über einen Zauntritt, während links und rechts Wäldchen die Hänge in tiefes Grün tünchen. Dann schwingt sich der Weg wieder aufwärts.

Augenblicklich sind Sie oben auf dem White Hill. Weiterhin auf Holzbohlen legen Sie das nächste Wegstück zurück, auf dem sich die Sichtachse wandelt, denn nun schauen Sie in Richtung Nordosten und hin nach Dublin, das sich aber noch hinter den Bergen verbirgt, und hinüber nach Bray, einem beliebten Badeort. Außerdem blicken Sie hin zum markanten, 501 m hohen Great Sugar Loaf (irisch: *Ó Cualann*), der vielleicht schon auf den Etappen zuvor hin und wieder ins Blickfeld geriet, von nun an aber immer wieder zu sehen sein wird.

Bald erreichen Sie eine Weggabelung. Der Wicklow Way führt rechts weiter.

Was Sie auf dem regulären Weg unterhalb von Djouce erwartet, erwanderte auf unsere Tour Lisa. Währenddessen stiegen Dominik und ich auf den Djouce – ein Abstecher abseits des regulären Wicklow Way, der sich auf jeden Fall lohnt und sehr empfehlenswert ist. Rechnen Sie dafür etwa eine halbe Stunde an zusätzlicher Zeit ein. Sollten Sie zu zweit oder noch mehr Wanderern unterwegs sein und sich hier trennen, vereinbaren Sie den Treffpunkt am nördlichen Einstiegspunkt zum Djouce, der von dieser Weggabelung rund 1,2 km entfernt liegt.

Lisa wanderte, wie bereits erwähnt, auf dem ausgeschilderten Wicklow Way weiter. Sie haben auf dem regulären Wicklow Way also die

Möglichkeit, am Fuß des Berges entlang zu wandern. Zunächst folgen Sie den bekannten Holzstegen, bis der Weg etwas steiniger wird. An manchen Stellen müssen Sie vielleicht auch kleinere Felsvorsprünge runterhüpfen. Mit gutem Schuhwerk ist dies aber gut machbar. Entlang des schmalen Pfades überqueren Sie ein kleines Rinnsal (wasserfestes Schuhwerk ist hier wichtig), welches sicher wetterbedingt mehr oder weniger Wasser führt. Zur Rechten geht es zeitweise recht steil bergab, der Ausblick in die Ferne ist dafür wundervoll. Der schmale, plattgetrampelte und mit kleinen Steinen übersäte Weg führt Sie womöglich auch durch eine grasende Herde Schafe, die sicher vor Schreck das Weite suchen. Am Ende des Wegs können Sie dann entspannt auf Ihre Mitwanderer warten, die den Djouce erklommen haben. Auf jeden Fall sind Sie weniger erschöpft als diese.

Steife Brise auf dem Djouce

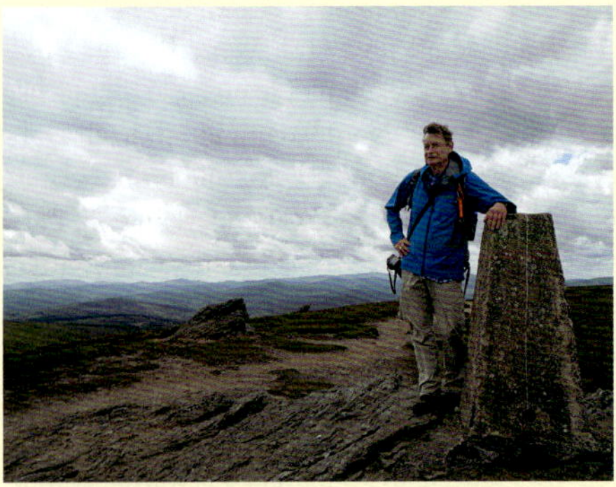

↬ Die Variante, die Dominik und ich nahmen, führt also anders als der Wicklow Way geradewegs den Berg hinauf. Der Weg wird steinig, ausgeschildert ist er nicht, doch weil er oft gegangen wird, ist die Spur aufwärts gut erkennbar. Der Aufstieg ist 800 m lang und führt Sie rund 100 Höhenmeter hinauf auf den 725 m hohen Djouce (irisch: *Dioghas*) ❹. Auf dem nur dünn mit Heidekraut bewachsenen Gipfel genießen Sie die grandiose Rundumsicht. Zum Abstieg wählen Sie den östlich verlaufenden Pfad, der gut sichtbar den Berg hinab verläuft. Sie stoßen nach knapp 800 m wieder auf den Wicklow Way, dem Sie links folgen.

Djouce

Im Norden des 725 m hohen Djouce entspringt der gut 20 km lange Fluss Dargle, den Sie später auf dem Wicklow Way überqueren, kurz bevor er als

Powerscourt Waterfall zu Tale schießt. Der Dargle mündet im Küstenstädtchen Bray in die Irische See. Zwischen dem Djouce und dem nordwestlich gelegenen, 686 m hohen War Hill kauert eine Felsengruppe, die vielleicht einmal ein megalithischer Portal-Dolmen war, bei dem der Deckstein nun zum Teil eingebrochen ist. Der Name Djouce lässt sich auf „befestigte Anhöhe“ zurückführen, was sich zum einen auf den felsigen Gipfel des Djouce beziehen kann, zum anderen eben auf die besagte Felsengruppe.

Am 12. August 1946 verunglückte bei schlechtem Wetter am Südwesthang des Djouce eine Junkers Ju 52 (der Spitzname dieses Flugzeugmodells lautet „Tante Ju“) mit 21 französischen Pfadfinderinnen, die irische Pfadfinderinnen besuchen wollten. Da das Flugzeug wie im Gleitflug landen konnte und die Tanks zum Glück nicht detonierten, kamen alle 27 Insassen mit dem Leben davon.

Sie setzen den Weg auf weichem, mit Steinen durchsetztem Wiesenuntergrund fort. Auf den riesigen Weideflächen links und rechts grasen ungestört zahllose Schafe. Für 1,2 km verläuft der Wicklow Way fast

The Watergates am Dargle River ☞

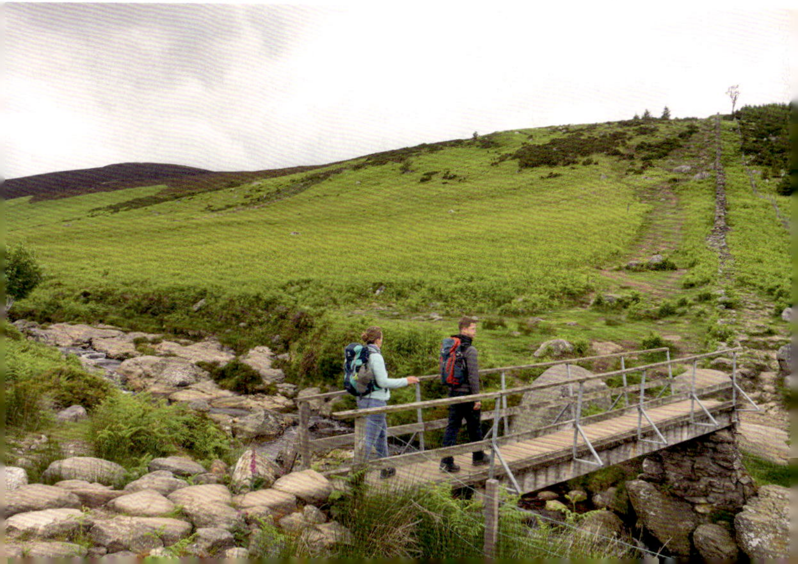

geradlinig, bis er auf einen Zauntritt trifft, den Sie natürlich überqueren. Direkt darauf halten Sie sich links, sehen rechter Hand einen Wald mit Sitka-Fichten und gelangen nach 300 m zum nächsten Zauntritt. Wieder übersteigen Sie diesen und orientieren sich an der sofort folgenden Wegkreuzung rechts.

Nun wandern Sie entlang einer Steinmauer ins Glensoulan Valley. Sie überqueren eine hübsche Holzbrücke, The Watergates ❺ genannt. Vor dem folgenden Anstieg laden wuchtige Felsbrocken zu einer kleinen Rast ein, zumindest zeigt sich das Tal windgeschützter als die offenen Berge zuvor. Der Dargle River, der eifrig unter der Brücke hinwegsprudelt, speist den Powerscourt Waterfall.

Die nächsten 250 m führen Sie zügig über massive Felsstufen bergauf. Mitten im Hang weist Sie ein Wegweiser nach rechts. Zum Verschnaufen geht es nun ebenerdig in Hanglage durch ein Fichtenwaldstück weiter. Dann wird der Weg wieder felsig und an manchen Stellen ist er mit Geländern abgesichert. Bei einigen robusten Felsbrocken, an denen Sie sich entlanghangeln, gewinnen Sie den ersten freien Blick hinab ins Tal und auf den Wasserfall.

Powerscourt Waterfall

Mit 121 m gilt der Powerscourt Waterfall (irisch: *Eas Chonaill*) als der höchste Wasserfall Irlands. Er gehört zum 6 km entfernten Powerscourt Estate. Rund um den Wasserfall finden Sie Buchen, Eichen, Lärchen oder Pinien und Mammutbäume, die vor mehr als 200 Jahren angepflanzt wurden. In den Bäumen sorgen Buchfinken und Weidenrohrsänger, Kuckucke und Raben für Spektakel und unten im Tal sorgen hierfür Jung und Alt, denn je nach Jahres- und Tageszeit herrscht dort beim Wasserfall reges Treiben. Wie ein Pferdehuf (*horseshoe*) ist dieses eiszeitliche Tal geformt, der Wasserfall springt über Klippen und schäumt über Vorsprünge. Besonders eindrucksvoll präsentiert er sich nach ergiebigen Regenfällen, wenn das Wasser hinabdonnert und alle Neugierigen zu seinen Füßen gründlich nass macht.

Oberhalb des Wasserfalls dehnt sich das Glensoulan Valley aus, das von Bergen wie dem 570 m hohen Maulin, dem War Hill und dem Djouce eingerahmt wird. Auf dem Wicklow Way lernen Sie einige dieser landschaftlich schönen Gebiete kennen. In der Umgebung des Wasserfalls finden sich Picknickplätze und ein kleines Café. Im Wanderführer „Dublin & Wicklow" (☞ siehe Kapitel „Karten, Literatur und GPS") wird ein 6,5 km langer Wanderweg von Crone Woods Car Park hinunter zum Wasserfall und auf demselben Weg wieder zurück beschrieben (Route 12). Teilweise führt dieser aber über nicht ausgeschilderte und überwachsene Pfade, weshalb Sie ihn bei schlechter Witterung besser gar nicht in Betracht ziehen sollten, denn auf der genannten Route geht es ziemlich steil bergab.

Später weitet sich der Weg, Bäume und Büsche versperren meist den Blick hinab, doch manchmal ermöglicht eine Lücke, das an Wochenenden immer gut besuchte Areal von oben zu betrachten.

Sie erreichen eine Weggabelung und wenden sich nach rechts. Lassen Sie die erste ⛩ Rastbank unbeachtet, denn von dieser haben Sie nur eine eingeschränkte Aussicht. Hoffen Sie lieber darauf, dass die zweite ⛩ Rastbank ❻ in der Kurve am Ride Rock unbesetzt ist. Hier ruhen Sie sich aus

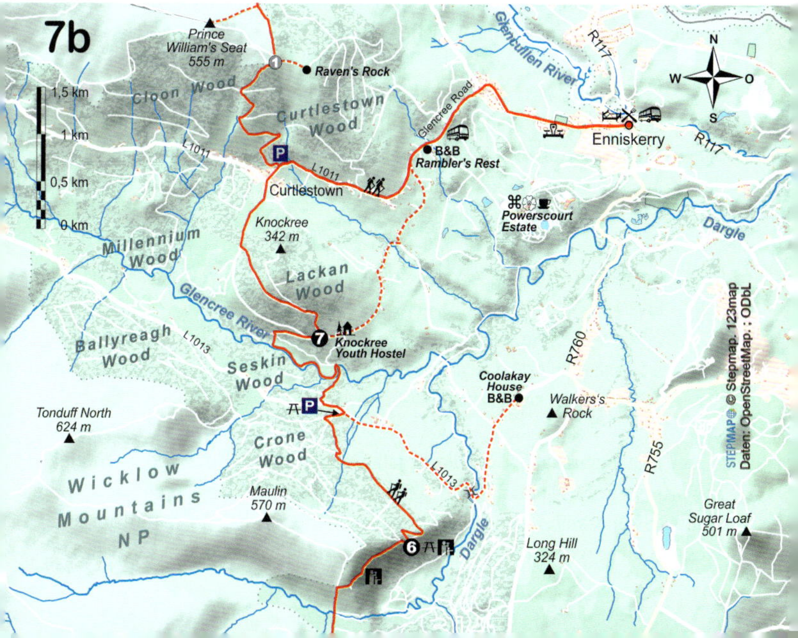

und schauen hinunter in den Powerscourt Deerpark, wie das Tal auch wegen seiner Hirsche genannt wird, und weiter hinaus über die Djouce Woods zum Great Sugar Loaf.

Raffen Sie sich dann auf, denn die Tagesetappe ist noch nicht zu Ende. Werfen Sie dem Wasserfall einen Abschiedsblick zu und folgen Sie dann dem Wicklow Way, der sich sanft hinunterwindet. Nach 150 m beschreibt der Wanderweg eine Rechtskurve, nach weiteren 150 m eine Linkskurve. Manchmal säumen junge, niedrige Fichten den Weg, sodass Sie wieder weiter über das Land schauen können, ein anderes Mal verschaffen Ihnen hochgewachsene Bäume Schatten.

Überqueren Sie einen kleinen Fluss, folgen Sie dem Wanderweg an einer Weggabelung rechts und dann in einer Linkskurve. Der Wicklow Way trifft später auf eine weitere Weggabelung, bei der Sie sich rechts halten. Nach einer Wegschranke erreichen Sie den Crone Woods Car Park. Dort finden Sie eine ⩩ Rastmöglichkeit.

Crone Woods Car Park ist ein beliebter Ausgangspunkt für Wanderungen. Wenn Sie beispielsweise in Enniskerry übernachten, eignet sich dieser Ort auch als Ausstiegs- und Einstiegspunkt für eine Etappe.

↳ Von hier können Sie auch das Coolakay House B&B erreichen. Dazu wenden Sie sich nach rechts auf der L1013, gehen diese für 1,9 km, bis Sie die Waterfall Bridge überqueren. Gleich danach halten Sie sich an der Straßengabelung links. Weiter auf der L1013 erreichen Sie dann nach 1,3 km das B&B.

B&B Coolakay House B&B, Yvonne Roe, Coolakay, Powerscourt Waterfall Road, Enniskerry, ☏ 01/286 24 23, 💻 www.coolakayhouse.ie, ✉ info@coolakayhouse.ie, ÜF EZ € 60-65, DZ € 80-90, ganzjährig, komplettes irisches Frühstück, Lunchpakete können bestellt werden, 🚗 Hol- und Bringservice, rund 3 km vom Wicklow Way entfernt

Sie gelangen nach dem Parkplatz an die L1013, der Sie nach links abwärts folgen. Nach 250 m verlassen Sie den ausgebauten Weg nach rechts. Sie passieren eine Wegschranke, halten sich bald darauf an einer Weggabelung rechts und gelangen in die Talsohle des Glencree River. Diesen queren Sie über eine Brücke und verlassen damit auch das Waldgebiet. Sie wenden sich nach links und wandern 1 km weit auf einem weichen Wiesenweg durch eine idyllische Bachaue, passieren einen alten, innen ausgehöhlten und sehr fotogenen Baum und treffen auf einen Wegweiser, der Sie rechts auf einen Hangpfad lotst. Im Anstieg passieren Sie vor einem Waldstück ein *kissing gate* und erreichen noch im Wald einen Forstweg. Diesem folgen Sie nach rechts und gelangen nach 500 m zu einem kleinen, unmarkierten Parkplatz ❼. Auf der gegenüberliegenden Seite taucht der Wicklow Way fast unscheinbar wieder in den Wald ein.

➪ Wenn Sie im Knockree Youth Hostel übernachten wollen, gehen Sie nun rechts über den Parkplatz. Nach rund 200 m erreichen Sie das Hostel.

Knockree Youth Hostel, Lackan House, Lackandarragh, Enniskerry,
☎ 01/276 79 81, www.anoige.ie/knockree-youth-hostel,
hostel@knockreehostel.com, EZ € 22-32,50, Wohnheim € 18-22,
ganzjährig, Minishop, frühzeitige Reservierung empfehlenswert

➪ Sollten Sie in Enniskerry eine Unterkunft gebucht haben, können Sie schon von hier aus in die Stadt gehen und den Weg so abkürzen. Dazu wandern Sie am genannten Hostel vorbei. Nach 1,2 km halten Sie sich an einer Straßengabelung rechts. Nach 400 m treffen Sie auf eine Straße, folgen ihr nach links und erreichen nach 1 km die L1011 (Glencree Road). Nun orientieren Sie sich nach rechts. Auf der L1011 gelangen Sie an eine Straßengabelung, dort halten Sie sich rechts, weiter auf der L1011. Nach insgesamt 5,5 km, die Sie meist bergab führen, erreichen Sie den Enniskerry Village Square mitten im Ort.

Auf dem Wicklow Way, der Sie wieder in einen Fichtenwald führt, überqueren Sie einen Zauntritt. Sie ziehen zügig über felsigen Untergrund hinauf und erreichen einen quer laufenden Waldweg. Halten Sie sich hier links. Am Fuß des Knockree Hill wandern Sie für 1,2 km über einen geschotterten Weg ohne Steigungen durch den Wald. Dann und wann gewähren Baumlücken Ausblicke. Nach einer Wegschranke finden Sie eine asphaltierte Straße vor, der Sie sich nach rechts anschließen. Die

Landschaft verändert sich ein weiteres Mal, die Bäume weichen Wiesen und Weiden, Ginsterbüsche und Hecken prägen die Ansicht und die Häuser von Curtlestown schieben sich ins Blickfeld.

Sie halten sich auf dem Hauptweg, gehen an einer Weggabelung vor den ersten Häusern links und erreichen in dem kleinen Ort die L1011, an der Sie sich rechts halten. Bitte achten Sie hier auf den zeitweilig starken Autoverkehr. Sie folgen der Straße für 200 m und sehen linker Hand einen Parkplatz, den Curtlestown Car Park. Der Wicklow Way führt hinter einer Wegschranke weiter; achten Sie auf die Hinweisschilder, die bei unserer Wanderung leicht übersehen werden konnten. Sie verabschieden sich für den heutigen Tag aber an dieser Stelle vom Wicklow Way.

Um in Enniskerry zu übernachten, gehen Sie entlang der Straße weiter in die Stadt. Dazu gehen Sie für 4,8 km die L1011 hinunter bis zur Stadtmitte. Achten Sie dabei auf den Autoverkehr, der auf der L1011 rege sein kann, und nutzen Sie den Randstreifen und den Bürgersteig.

Auf dem Weg in die Stadt sehen Sie 2 km nach dem Verlassen des Wicklow Way rechter Hand die Shop River Road, ↳ die Sie zum Rambler's Rest B&B führt.

B&B Rambler's Rest B&B, Annemarie Pigot, Oaksville Annacrivey, Enniskerry, ☎ 01/282 95 39, 📱 087/959 75 40, 💻 www.ramblersrest.ie, ✉ annemariepigot@hotmail.com, ÜF EZ € 60-70, DZ € 80-90, ganzjährig, 🚗 Hol- und Bringservice, 2 km vom Wicklow Way (Curtlestown Woods), 2,5 km vom Ortskern von Enniskerry und wenige Gehminuten von den Powerscourt Gardens entfernt.

Enniskerry 🛏 B&B ✕ ⌘

🛏 ✕ The Enniskerry Inn, Church Hill, Enniskerry, ☎ 01/273 49 92, 💻 www.theenniskerryinn.ie, ✉ bookings@theenniskerryinn.ie (Buchungen) oder bandb@theenniskerryinn.ie, ÜF EZ € 70, DZ € 110, ganzjährig, Restaurant So-Do 12:00-23.30, Fr u. Sa 12:00-0:30, Sa u. So Livemusik, Mahlzeiten von 12:00-20:00, das Bier schmeckt vorzüglich, es werden etliche Biere der Region kredenzt. Das Abendessen nahmen wir nach der längsten Etappe gerne in The Enniskerry Inn ein. Es war sehr lecker, die Atmosphäre geschäftig, aber sehr behaglich; es gibt vegetarische, vegane, laktose- und glutenfreie Gerichte. Die

Gästezimmer sind frisch renoviert und luftig. Das Frühstück wird im Poppies (☞ siehe dort) eingenommen, im Preis enthalten ist ein kleines Frühstück mit dem besten Kaffee auf dem Wicklow Way (die Kaffeebohnen stammen aus einer Rösterei in Dublin); es gibt Lunchpakete. Da die Gästezimmer sich unmittelbar über der Gaststätte befinden, könnte dies bei Livemusik zum Mitsingen, aber auch zum späten Einschlafen anregen.

✕ Poppies, Main Street, Enniskerry, ☏ 01/282 88 69, 💻 www.poppies.ie, ✉ sales@poppies.ie, 🚪 8:00-18:00, Poppies bietet auch Take-away an, aber auch vorzügliche Scones. Drinnen saßen wir sehr gemütlich, sehr nette Atmosphäre.

♦ The Kingfisher's Kitchen Diner, Main Street, Enniskerry, ☏ 01/276 48 59, 🚪 7:00-18:00, Frühstück und Mittagessen

♦ Emilia's Restaurant, Main Street, Enniskerry, ☏ 01/276 18 34, 💻 www.appigroup.co.uk/appi-sites/emilias, 🚪 Di-So 17:00-21:00, Pizzeria

📯 Enniskerry Post Office, Kilgarron Park, Enniskerry, ☏ 01/286 25 61, 🚪 Mo-Sa 9:00-13:00, Mo-Fr auch 14:00-17:30

🛒📯 Mini Market, 45 Kilgarron Park, Knocksink, Enniskerry, ☏ 01/276 01 64, 🚪 Mo-Sa 8:00-20:00 u. So 9:00-20:00, kleiner Supermarkt mit Poststelle an der L1011 auf dem Weg nach Enniskerry

🚌 Dublin Bus, Bus 44/c nach Dublin City Centre, 💻 www.dublinbus.ie

♦ Dublin Bus, Bus 185 nach „Bray DART Station" (S-Bahn), 💻 www.irishrail.ie. Bus 185 fährt von Bray nach Enniskerry Stadtmitte und weiter zur Haltestelle „Enniskerry Golf Club" (Stop 4108), von dort über Enniskerry Stadtmitte zurück nach Bray.

🚗 Alpine Cabs, ☏ 01/286 25 47, 📱 087/257 29 73

Powerscourt Gardens

Die Powerscourt Gardens verfügen über eine bewegte Vergangenheit. Schon für die Anglo-Normannen war das Gebiet im 12. Jahrhundert strategisch wichtig. Und dort, wo heute das Powerscourt House steht, erhob sich im 13. Jahrhundert eine mittelalterliche Burg der Familie Le Poer, auf die auch der Name zurückgeht.

1603 erhielt Richard Winfield von Queen Elizabeth das riesige Anwesen als Belohnung für seine militärischen Leistungen. Seine Nachkommen sollten mehr als 350 Jahre lang in Powerscourt residieren. 1741 wurde das Haus mit 68 Zimmern neu gestaltet.

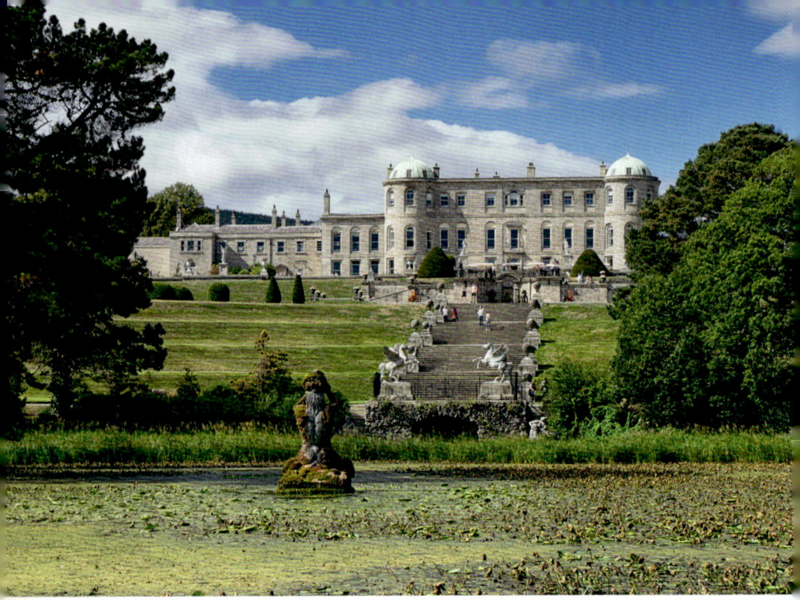

Blick auf Powerscourt House

1961 ging das Anwesen in die Hände der Familie Slazenger über, die noch heute Eigentümer sind. 1974 erfolgte eine umfassende Restaurierung, nach der ein verheerender Brand große Teile des Gebäudekomplexes vernichtete. Erst 1996 konnte das Haus wieder neu bedacht werden, im Jahr darauf wurde es der Öffentlichkeit zugänglich gemacht.

Die Powerscourt Gardens stellen eine der schönsten Gartenanlagen Europas dar, vielleicht sogar weltweit. Der 6. Viscount Powerscourt besuchte auf seinen Reisen Versailles und Schönbrunn und er versuchte erfolgreich, den Garten in die weite Landschaft der Wicklow Mountains mit dem bezaubernden Blick auf den Great Sugar Loaf einzubetten.

Das Areal ist sehr weitläufig, aber klar strukturiert. Ein italienischer Garten weist vom Powerscourt House hinunter zum Triton Lake. Auf der großen Terrasse schmeckt ein Stück Kuchen bei dieser Aussicht doppelt gut. Der originelle Pepper Pot Tower im Tower Valley wurde erst 1911 nach dem Besuch des Prinzen von Wales erbaut. Im japanischen Garten finden die Besucher besonders an heißen Tagen viel Schatten und Ruhe. Auf einem ausgedehnten Spaziergang können Sie den Dolphin Pond bestaunen, die große Zahl an unterschiedlichen Bäumen und Pflanzen aus vielen Ländern der Erde und die zahlreichen Statuen oder die bejahrten Tore. Zu diesen zählt auch das 240 Jahre alte Bamberger Tor, das dereinst den Dom dort zierte.

Während unserer Wanderung auf dem Wicklow Way fanden wir leider nicht die Zeit für einen Besuch der Powerscourt Gardens. Aber wer sich für einen schönen Garten begeistern kann und nicht darüber erschrickt, dass das Anwesen an den Wochenenden wirklich gut besucht ist, der sollte über einen solchen Abstecher ernsthaft nachdenken. Meine Ehegattin und ich haben die Powerscourt Gardens bei vorhergehenden Reisen nach Irland zweimal besichtigt und wir waren jedes Mal aufs Neue begeistert. Und es finden sich stille Winkel im großen Park, um die Zeit vorbeifließen zu lassen ...

⌘ ❀ ☕ Powerscourt Estate, Powerscourt Estate, Enniskerry, ☏ 01/204 60 00, 💻 www.powerscourt.com, ✉ info@powerscourt.com, 🚪 ganzjährig außer 25. u. 26.12., 9:00-17:30 (im Winter schließen die Gärten schon bei Abenddämmerung), Avoca Terrace Café 9:30-17:00, Eintrittspreise Gärten 1. März-31. Okt € 10,50 und 01. Nov-28. Feb € 7,50; es gibt kleine Geschäfte beispielsweise mit Kunsthandwerk im Powerscourt House und eine angeschlossene Gärtnerei. Vom Enniskerry Village Square sind es über die R760 rund 2 km Fußweg bis zum Powerscourt House, wobei die Hälfte des Wegs bereits im Estate entlang von Wiesen und dem Golfplatz führt. Von der Stadtmitte gehen Sie 500 m die R760 aufwärts. Rechter Hand sehen Sie das große Eingangsportal zum Anwesen. Sie gehen hindurch und spazieren 1,5 km weit bis zum Powerscourt House.

Enniskerry (irisch: *Áth na Sceire*) liegt am Fluss Dargle. Etwa 1.800 Einwohner bevölkern das schmucke Städtchen, von dem aus man sehr gut in die Wicklow Mountains gelangt. Enniskerry liegt nur 30 Autominuten von Dublin entfernt. Der Ort wurde als Wohnort für die Bediensteten und Angestellten des Powerscourt Estate erbaut. Nach dem Anschluss des naheliegenden Küstenorts Bray an die Eisenbahn wuchs Enniskerry schnell zu einem rührigen Örtchen an. Historisch interessant ist beispielsweise das Powerscourt Arms Hotel an The Square aus dem Jahr 1715, das nach einem Brand 1894 wiederaufgebaut wurde. Und einen ausgiebigen Besuch wert ist natürlich Powerscourt Gardens. Dafür lohnt sich ein Extratag in Enniskerry.

8. Etappe: Enniskerry – Marlay Park, Dublin

➲ 22,0 km (17,2 km ohne Zuwege), ⌛ 6 Std. 15 Min., (5 Std. ohne Zuwege) ↑ 634 m, ↓ 616 m, (↑ 454 m, ↓ 616 ohne Zuwege) ⇧ 70-489 m (⇧ 86-489 m ohne Zuwege)

0,0 km	⇧ 70 m	Enniskerry (The Enniskerry Inn) B&B ⌘
4,8 km	⇧ 251 m	Curtlestown Car Park (Einstieg in den Wicklow Way)
7,0 km	⇧ 462 m	Abzweig zum Raven's Rock
7,5 km	⇧ 472 m	Abzweig zu Prince William's Seat
11,6 km	⇧ 292 m	Ballybrack Road
14,0 km	⇧ 418 m	Wandertafel
15,2 km	⇧ 482 m	Abzweig zum Two Rock Mountain
18,7 km	⇧ 214 m	Abzweig zum Kilmashogue Passage Tomb
20,3 km	⇧ 114 m	Marlay Park, Dublin
22,0 km	⇧ 86 m	Wandertafel im Marlay Park

Die letzte Etappe auf dem Wicklow Way führt Sie durch den Curtlestown Wood bergan. An einem Abzweig können Sie einen Abstecher zum Raven's Rock einlegen, später bietet sich die Gelegenheit zum Aufstieg auf Prince William's Seat, beides verbunden mit prächtigen Fernsichten. Sie schlendern hinab in das Tal des Glencullen River, gewinnen aber bald wieder an Höhe und verzichten sicher nicht auf einen weiteren Abstecher, der Sie diesmal auf den Two Rock Mountain mit fantastischen Blicken über Dublin und die Wicklow Mountains führt. Der Wicklow Way verläuft dann hinunter nach Dublin. Ein letzter Abstecher zu einem uralten Grab bietet sich an, ehe Sie Marlay Park und letztlich auch den Zielort erreichen. Sie sind in Dublin angekommen und haben den Wicklow Way vollendet.

Zum Start der Etappe müssen Sie entweder denselben, recht lang ansteigenden Weg zurück zum Wicklow Way hinaufwandern, den Sie am Vortag hinabgegangen sind, oder Sie wählen die Busverbindung des Dublin Bus 185 vom Enniskerry Village Square in der Stadtmitte, der Sie bis zur Haltestelle „Enniskerry Golf Club" (Stop 4108) bringt. Von dort sind es entlang der L1011 dann nur noch 2,5 km bis zum Einstiegspunkt am Curtlestown Car Park.

Beim Wicklow Way Car Park bei Curtlestown steigen Sie wieder in den Wicklow Way ein. Sie steuern auf den Curtlestown Wood zu und passieren rechts über den Car Park eine Wegschranke. Der Weg windet sich für 1,2 km, eine Zeit lang durch den Mischwald, aufwärts. Bevor Sie einen geschotterten Weg erreichen, machen die Bäume Platz für weit ausufernde Wiesen. Erlauben Sie sich, die schönen Fernblicke, beispielsweise zum Great Sugar Loaf und die Wicklow Mountains, zu genießen.

Scones – für den kleinen Hunger zwischendurch

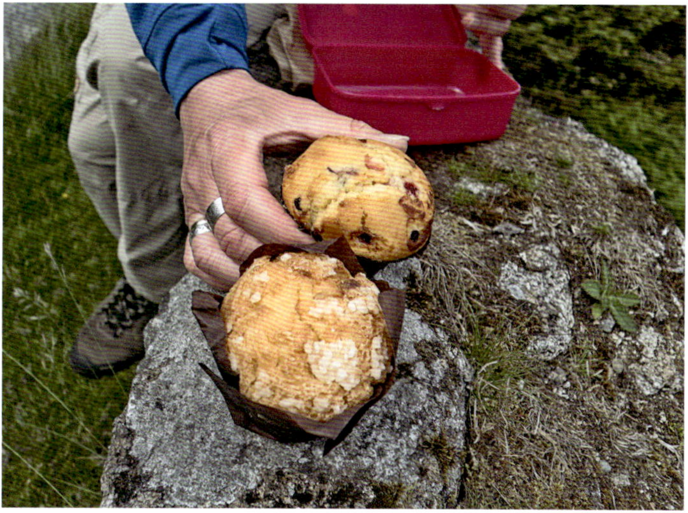

Sie treffen dann auf eine Weggabelung, an der Sie sich links in eine Fichtenschonung hinein halten. Auf dem geschotterten Weg steigen Sie weiter bergan. Nach 400 m gelangen Sie an eine Wegkreuzung, bei der Sie geradeaus weitergehen. Nun folgen etliche massive Steinstufen, die Sie beim Anstieg mit großen Schritten nutzen. Nach dem Anstieg, der oft von feinen Aussichten zur Küste hin unterbrochen wird, sehen Sie rechter Hand einen ausgetretenen Pfad ❶.

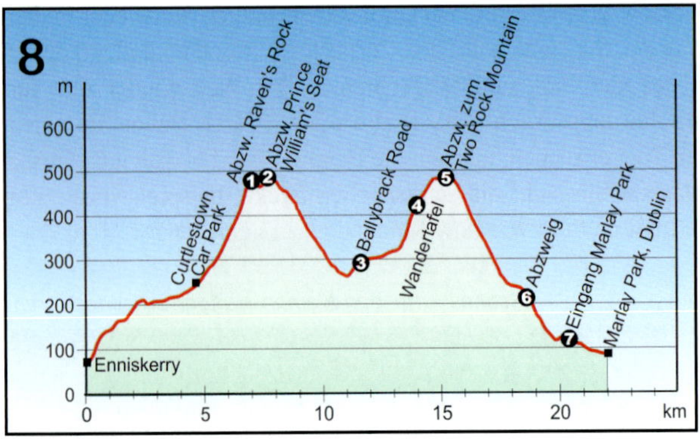

↬ Auf diesem gelangen Sie nach knapp 400 m zum Raven's Rock. Nutzen Sie die Gelegenheit, denn der Abstecher zum Raven's Rock, den Sie hin und wieder zum Wicklow Way zurück über torfigen Untergrund gehen, belohnt Sie mit fabelhaften Fernsichten. Vielleicht entdecken Sie dort wirklich Raben, die hoch über Ihnen durch die Luft fliegen oder im brausenden Wind miteinander kabbeln. Zurück am Wicklow Way folgen Sie diesem weiter nach rechts.

Auf dem Wicklow Way halten Sie sich geradeaus und wandern nun 1 km am Fuße des 555 m hohen Prince William's Seat. Junge Wäldchen gewähren auch hier wieder schöne Weitblicke, während sich das Heidekraut den Berg hinauf ausbreitet. Sie erreichen eine Weggabelung ❷. Der Wicklow Way läuft rechts weiter.

↬ Wenn Sie noch genügend Zeit im Rucksack haben, empfiehlt sich unbedingt ein Abstecher hinauf auf den Berg. Es gibt etliche mehr oder minder deutlich ausgetretene Wege zum Berggipfel. Eine Wegvariante finden Sie hier, wenn Sie an der genannten Weggabelung etwa 30 m nach links gehen. Achten Sie dann auf die ausgetretene Spur, die links schnurgerade auf den Berggipfel führt. Sie erreichen nach 400 m über steiniges Geläuf die Bergspitze. Anschließend kehren Sie zum Abzweig zurück und folgen dem Wicklow Way links.

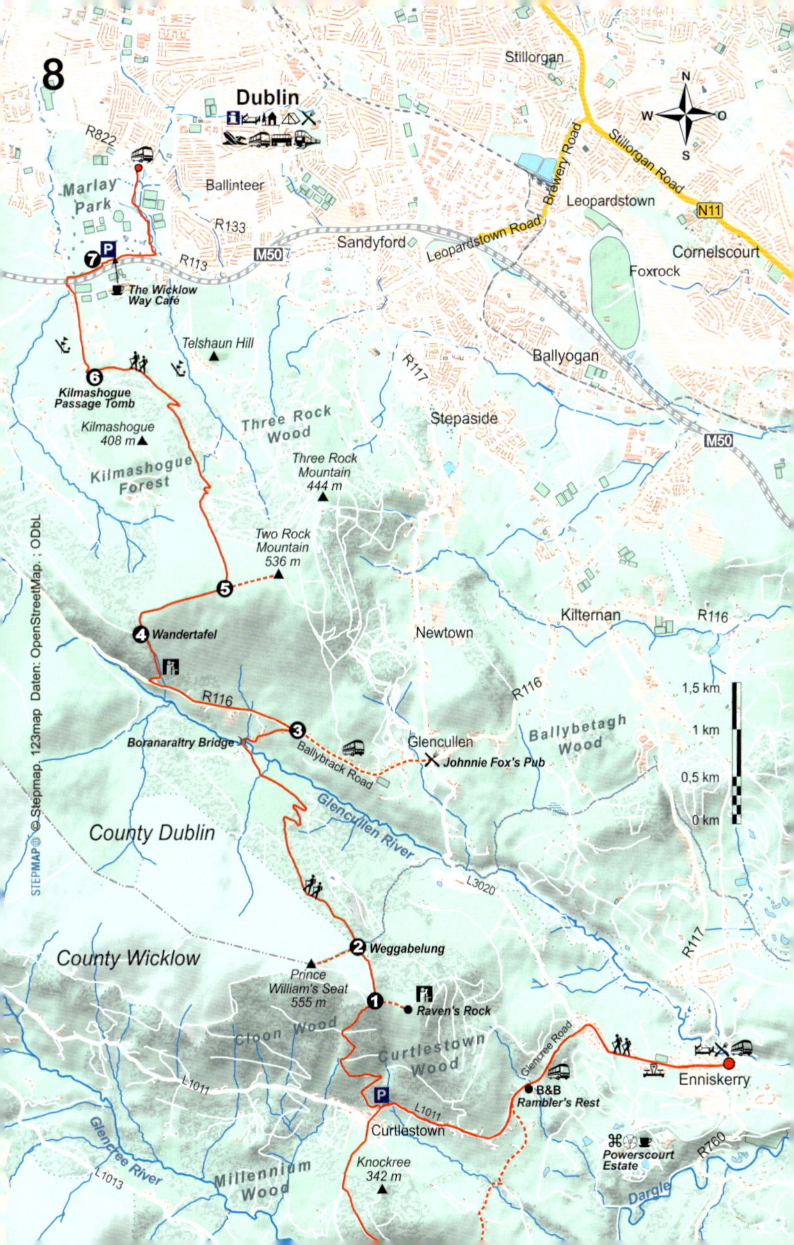
8
Dublin
Stillorgan
Stillorgan Road
N11
Brewery Road
Leopardstown
Leopardstown Road
Cornelscourt
Foxrock
Ballyogan
M50
Sandyford
R133
R113
R822
Ballinteer
Marlay Park
7
The Wicklow Way Café
Telshaun Hill
6
Kilmashogue Passage Tomb
Kilmashogue 408 m
Kilmashogue Forest
Three Rock Wood
Three Rock Mountain 444 m
R117
Stepaside
Two Rock Mountain 536 m
5
4
Wandertafel
R116
Newtown
Kilternan
3
Boranaraltry Bridge
Ballybrack Road
Glencullen
Johnnie Fox's Pub
Ballybetagh Wood
Glencullen River
County Dublin
L3020
2
Weggabelung
County Wicklow
Prince William's Seat 555 m
1
Raven's Rock
Cloon Wood
Curtlestown Wood
Glencree Road
B&B Rambler's Rest
Enniskerry
L1011
Curtlestown
Knockree 342 m
Glencree River
L1013
Millennium Wood
Powerscourt Estate
R760
Dargle
1,5 km
1 km
0,5 km
0 km
N
W
O
S
STEPMAP © Stepmap. 123map Daten: OpenStreetMap. ; ODbL

Prince William's Seat

Der 555 m hohe Prince William's Seat (eigentlich: Clusnaspeire) genannte Gipfel ist ein beliebtes Ziel für Wanderer aus Dublin, weil er relativ einfach zu besteigen ist. Der Name soll sich auf einen Besuch von König George IV. und seinem Bruder Prinz William im Jahr 1831 beziehen.

Oben finden Sie eine Handvoll mächtiger Felsen vor und rundherum genießen Sie direkt am Triangulationspfeiler die unverschämt schönen Panoramablicke, derweil Ihnen der kräftige Wind die Ohren frei pustet. Je nach Witterung wird es hier oben sicher ungemütlich, doch die Fernsichten entschädigen dafür. Achten Sie nur beim Rückweg genau darauf, den richtigen Pfad zu erwischen. Die Spuren sind auf dem stellenweise morastigen, meist steinigen Weg nicht immer klar erkennbar und gerade beim Abwärtsgehen haben Sie nicht unbedingt Ihr Ziel genau vor Augen.

Blick von Prince William's Seat

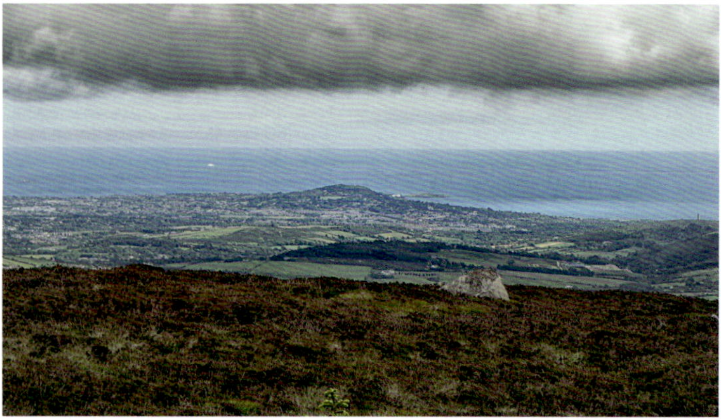

An der Weggabelung wandern Sie auf dem Wicklow Way zwischen hoch gewachsenen Fichten rechts weiter, bis Sie eine Weggabelung erreichen. Halten Sie sich hier gut ausgeschildert geradeaus. Kurz darauf folgen Sie erst einer Rechtskurve, dann einer Linkskurve und nochmals einer Rechtskurve, um dann auf einen quer laufenden Waldweg zu stoßen. Sie wandern nach links, passieren ein *kissing gate* und verlassen den Wald.

Sie schauen hinab ins Tal des Glencullen River. Die Hügelhänge streben sanft bergan, einige wenige Häuser verlieren sich im Grün, Steinmauern fassen die Viehweiden ein und dazwischen springen Schafe munter über die Wiesen und blöken. Der Wicklow Way verliert behutsam an Höhe. Nach einem weiteren *kissing gate* passieren Sie nun auf der L7020/Boranaraltry Lane über die Boranaraltry Bridge den Glencullen River und gehen an ein paar Wohnhäusern und Farmgebäuden bis hinauf zur R116/Ballybrack Road, wo Sie links abbiegen ❸.

↳ Möchten Sie den höchstgelegenen und 1798 gegründeten Pub Johnnie Fox's besuchen, dann halten Sie sich auf der R116 rechts. Nach 1,7 km erreichen Sie an der Kreuzung R166/Red House Road/Barrack Road den Pub.

✕ Johnnie Fox's Pub, Glencullen, Dublin Mountains, ☏ 01/295 56 47, www.johnniefoxs.com, info@johnniefoxs.com, Mo-Do 11:00-23:30, Fr-Sa 11:00-0:30, So 12:00-23:00, Mahlzeiten 12:30-21:30, Irish Dance jeden Abend. Der Pub gilt als einer der ältesten Pubs in Irland. Seine Ursprünge reichen bis ins Jahr 1798 zurück, dem Jahr, als Theobald Wolfe Tone die irische Rebellion anführte. Bis zur Küste sind es nur 20 Autominuten, aber Johnnie Fox's liegt ziemlich abgeschieden im kleinen Ort Glencullen (irisch: *Glenn Cuilinn*). Ursprünglich war der Pub ein kleiner Bauernhof, worauf heute noch beispielsweise der „The Pig House" genannte Essbereich hinweist. Johnnie Fox's Pub ist ein echter Touristenmagnet.

Auf dem Weg zum Pub treffen Sie an der R116 auch auf mehrere Haltestellen der Buslinie 44B, beispielsweise „Ballybrack Road", „Hill View" und „Stop 3514", die zur „Dundrum Luas Station" fahren (wenige Verbindungen, nicht Sa u. So, ca. 9:20, 16:35 und 18:10). Von dort bestehen Verbindungen nach Dublin.

Die nächsten 1,7 km gehören sicherlich zu den wenig interessanten Teilstücken des Wicklow Way, auf dem Sie zudem auf den Autoverkehr achten müssen. Zumindest entschädigen die grüne Landschaft links und rechts der Straße und die weiten Blicke über das Tal für das Marschieren auf dem harten Asphalt. Sie werden froh sein, nach einer nicht gut einsehbaren Kurve, in der Sie besonders achtsam sein sollten, dem Wegweiser des Wicklow Way nach rechts zu folgen.

Über massive Steinstufen erklimmen Sie nun die Anhöhe. Während die ersten Schritte Sie durch ein kleines Waldstück führen, lichtet sich der Wald nach einem Eisentor zum Osten hin. Die Augen wandern jetzt wieder in die Ferne, wenngleich Sie das Augenmerk auch auf den Weg richten müssen, der schmal und steinig verläuft. Heidekraut, Ginster und Kiefern prägen die Landschaft. Sie gelangen an eine Gabelung mit einer Wandertafel ❹. An dieser Stelle trifft der Dublin Mountains Way auf den Wicklow Way. Beide Wanderwege nutzen ähnliche Wegmarkierungen. Das ist für Sie aber einzig am zeitnah folgenden Abzweig zum Two Rock Mountain wichtig.

Von der Weggabelung wandern Sie 250 m weiter geradeaus, dann schwenkt der Wanderweg nach rechts ab. Sie blicken nun geradewegs in Richtung Two Rock Mountain. Die Zahl an Wanderern und Spaziergängern nimmt besonders an den Wochenenden und an Feiertagen zu.

Nach 1 km über die luftige Anhöhe gelangen Sie zu einer Weggabelung ❺. Der Wicklow Way läuft nun links weiter.

↳ Sie sollten sich aber den letzten längeren Abstecher vom Wicklow Way auf keinen Fall entgehen lassen. Steigen Sie geradeaus hinauf zum Two Rock Mountain, denn die 600 m leichter Anstieg lohnen sich absolut, was Ihnen vermutlich die vielen Mitläufer beweisen.

Two Rock Mountain/Fairy Castle

Der Two Rock (irisch: *Binn Dá Charraigh*) ist ein 536 m hoher Berg in den Dublin Mountains, zu denen auch die Berge Three Rock, Kilmashogue und Tibradden zählen. Seinen Namen trägt er wegen der beiden Granitfelsen, die südöstlich vom Gipfel liegen. Der Three Rock befindet sich nicht weit entfernt und ist gut durch seine Sendemasten zu erkennen. Der Gipfel des Two Rock wird auch Fairy Castle genannt.

Die Aussicht vom Two Rock Mountain ist grandios. Der Blick schweift rundherum. Insgesamt können Sie auf sechs Grafschaften (Dublin, Wicklow, Louth, Meath, Down und Kildare) blicken.

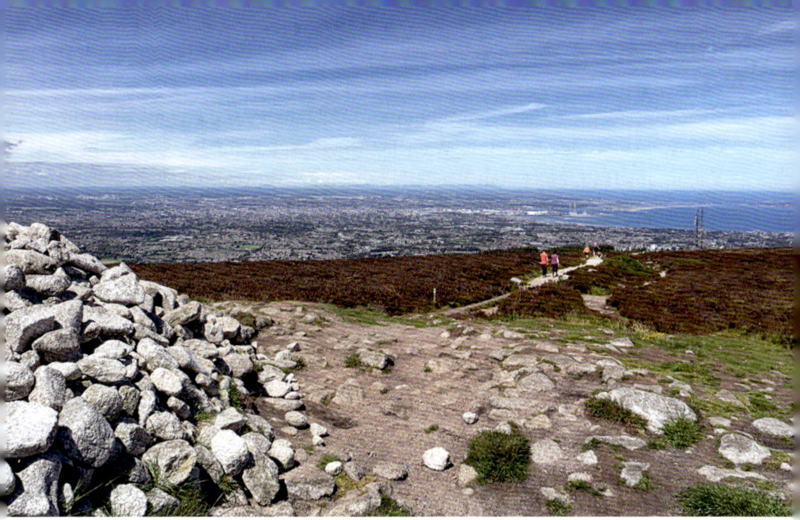

Blick vom Two Rock Mountain auf Dublin

Farne, Heide und Ginster dominieren die darüber hinaus karge Moorlandschaft und der Wind ist ein ständiger Zaungast, dem Sie nur mit einer Windjacke zu Leibe rücken können. Die Steinanhäufung auf der Bergspitze verbirgt ein rund 4.000 Jahre altes Ganggrab, sein Eingang ist verschüttet. Das Grab wurde nie geöffnet, doch wird eine kleine Grabkammer darin erwartet. Die Vorstellung, dass Feen noch immer in dem Hügel ihr Zuhause haben, lebt weiter.

Schlendern Sie rund um den *cairn* (*cairns* sind Hügel aus aufgeschütteten Steinen, mit denen beispielsweise steinzeitliche Grabanlagen bedeckt wurden) und verweilen Sie für einige Augenblicke, um die Landschaft rings um den exponierten Berg auf sich wirken zu lassen. Sie schauen hinüber zur Dublin Bay und Irischen See, sehen auch die Fernmeldemasten auf dem Three Rock Mountain – die Schulter des Berges, auf dem Sie stehen – und hinter sich, vielleicht mit etwas Wehmut getränkt, sehen Sie aufgereiht die Berge der Wicklow Mountains, sanfte Hügel in der Ferne. Auf einige von diesen sind Sie selbst gestiegen oder nahe den Gipfeln gewandert.

Sie stapfen den Berg wieder hinab bis zur Weggabelung und wandern nun rechts weiter auf dem Wicklow Way.

Schon nach wenigen Schritten öffnet sich auch auf dem abwärtsführenden Wegstück des Wicklow Way der Blick, Stück für Stück schiebt sich Dublin ins Bild, links vom Weg erhebt sich der Berg Kilmashogue. 1,1 km nach der Weggabelung treffen Sie auf einen quer laufenden, mit Splitt belegten Weg, auf dem Sie sich links halten. Sie verlieren stetig an Höhe. Für rund 2,5 km wandern Sie nun beständig auf dem gut ausgebauten Splittweg durch Fichtenwald und am Gelände des Stackstown Golf Club vorbei, an dem sich nochmals eine passable Aussicht ergibt, und erreichen dann den Kilmashogue Car Park.

➭ Wenn Sie noch Zeit erübrigen können, sollten Sie sich das links des Parkplatzes versteckte und über einen Pfad erreichbare Kilmashogue Passage Tomb anschauen ❻. Der Ort liegt malerisch eingebettet und wie vergessen zwischen den Bäumen.

Kilmashogue Passage Tomb

Es handelt sich um die 4.000 Jahre alten Überreste eines rund 4 m langen und 1,5 m breiten Keilgrabs, das zu Füßen des 408 m hohen Kilmashogue (irisch: *Sliabh Chill Mochióg*) errichtet wurde. Eine Besonderheit stellt die dreifache Wandkonstruktion dar; üblicherweise sind Gräber dieser Art mit zwei Wänden versehen. Die ursprünglichen Ausmaße waren viel größer. In der Vergangenheit wurden etliche Steine entnommen und für Steinmauern verwendet, die in der Umgebung errichtet wurden. Das Grab besteht aus zwei Kammern, die früher von einem Steinhügel bedeckt waren. Bei Ausgrabungen, die im Jahr 1953 begannen, wurden auch bronzezeitliche Essgefäße und Urnen gefunden.

Vom Parkplatz aus starten viele Besucher ihre Ausflüge in die Dublin Mountains. Sie gehen am Parkplatz vorbei und dann rechts in die Kilmashogue Lane. Ab jetzt müssen Sie auch mit Autoverkehr rechnen. Und was Ihnen auch sicherlich auffällt: Es wird lauter. Die Zivilisation meldet sich durch die nahe M50 zurück, der Sie sich an einigen Villen vorbei und entlang des Saint Columban's College über 1 km nähern. Sie erreichen einen Verkehrskreisel, orientieren sich nach rechts, verlassen den Kreisel an der ersten Ausfahrt und unterqueren die M50. Gleich danach gehen Sie wieder rechts in die College Road/R113. Wechseln Sie umsichtig die Straßenseite und gehen Sie auf dem breiten Bürgersteig weiter. Zu Ihrer Linken liegt der Grange Golf Club.

Nach 400 m trennen Sie sich mit einem Aufatmen von der College Road und betreten links den Marlay Park ❼ über die Zufahrt zum Marlay Park Back Car Park. Links von Ihnen liegt das Gelände des Sandyford Cricket Club. Sie aber halten sich mit dem Wegweiser des Wicklow Way rechts, passieren den Außenbereich des Parkplatzes und schlendern über den geschotterten Pfad am Rand des Parks.

Nach etwa 50 m können Sie links zu einer Wegspinne gehen, von der Sie unmittelbar auf das Wicklow Way Café auf einen letzten Kaffee oder Tee vor dem Ende Ihrer Wanderung zusteuern können.

The Wicklow Way Café, College Road, Marlay Park, Rathfarnham, Dublin 16, 01/493 78 07, www.thewicklowwaycafe.wordpress.com, thewicklowwaycafe@gmail.com, täglich 9:30-18:00

Genießen Sie die besondere Atmosphäre des Marlay Park, bevor Sie später vielleicht in das muntere Treiben der regen Großstadt eintauchen.

Marlay Park

Der Marlay Park (irisch: *Páirc Mharlaí*) ist ein mehr als 120 ha großer öffentlicher Park im Stadtteil Rathfarnham, der 1972 vom Dublin County Council erworben und 1975 offiziell eröffnet wurde. Der Little Dargle River, der unterhalb des Two Rock Mountain entspringt, speist die kleinen Seen im Park. Lauschige Wäldchen, saftgrüne Wiesen und malerische Teiche bestimmen das Bild und Kinderspielplätze, Fußball- und Cricketplätze zeichnen das Erholungsgebiet aus. Dominiert wird das Areal auch durch das Marlay House aus dem Jahr 1794, das ein schönes Beispiel für die georgianische Architektur darstellt. Die ehemaligen Ställe des mit einem beeindruckenden Ballsaal ausgestatteten Hauses dienen heutzutage als Handwerkshof mit Gewerken wie Weben, Buchbinden und Töpfern. Der im 18. und frühen 19. Jahrhundert gestaltete Park begeistert mit kleinen Gärten, Brücken und Wasserfällen und einem ummauerten Gemüse- und

Ziergarten mit Orangerie, Laube und Wasserspielen. Im ehemaligen Gärtnerhaus gibt es ganzjährig Tee und Kaffee. Seit 2000 ist der Marlay Park auch ein beliebter Ort für Musikevents, bei denen bis zu 40.000 Besucher Platz finden.

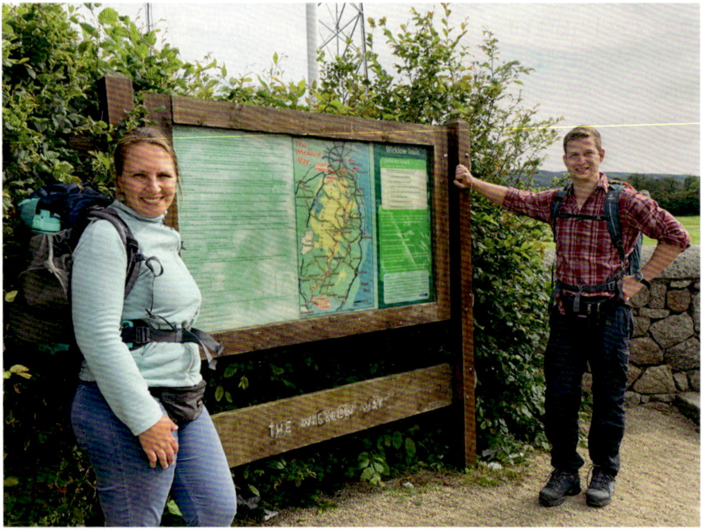

Alles hat ein Ende, auch der Wicklow Way – im Marlay Park

Nach 400 m schwenkt der Wicklow Way nach links, nun tiefer in die Parkanlage. Am Little Dargle River entlang spazieren Sie zu zwei kleinen Seen und dann zwischen ihnen hindurch. Die letzten 400 m des Wicklow Way leiten Sie nach rechts an der großen Wiese vorbei, auf der Musikveranstaltungen, wie das Longitude Festival am dritten Wochenende im Juli, stattfinden. Wahrscheinlich ist auch an dem Tag, an dem Sie den Marlay Park auf dem Wicklow Way erwandern, einiges los. Kurz vor dem Marlay Park Main Car Park entdecken Sie rechts einen schmalen asphaltierten Abzweig, der Sie zwischen zwei niedrigen Mauern hindurchführt. So unscheinbar dies ausschaut, so begeistert werden Sie selbst in diesem Augenblick sein, denn Sie haben den Abschluss des Wicklow Way erreicht.

Eine Wandertafel führt Ihnen nochmals den zurückgelegten Weg vor Augen, intensiv aber wird die Wanderung sicher vor Ihrem inneren Auge weiterleben.

An dieser Stelle also endet die gut 129 km lange Wanderung auf dem Wicklow Way. Meinen Glückwunsch!

☺ Zum Abschluss sollten Sie sich Dublin natürlich nicht entgehen lassen. Vergessen Sie die Ruhe der vergangenen Tage und schlüpfen Sie wieder zurück in die Haut des Alltagsmenschen. Am besten fahren Sie natürlich erst zu Ihrem Hotel oder zum B&B. Dazu verlassen Sie den Marlay Park Main Car Park zur linken Seite. Sie gelangen zur R822/Grange Road. Bushaltestellen finden Sie nahe der Ausfahrt in der Grange Road/Highfield Avenue (☞ siehe auch Kapitel „An-/Abreise“).

Wenn Sie ein Taxi anfordern, eignen sich der Parkplatz oder die Umgebung sicher gut als Eckpunkt für den Taxifahrer.

Wir übernachteten im Rahmen unserer Wandertour im Sandymount Hotel nicht weit von der Innenstadt entfernt. Die Auswahl an Unterkünften ist in der Hauptstadt natürlich groß.

Dublin

i Informationen und Hilfe bei Buchungen oder Tipps zu Sehenswürdigkeiten halten die offiziellen Touristinfos von Fáilte Ireland bereit, die Sie hier finden:

- Visit Dublin Centre, 25 Suffolk Street, Dublin 2, ☎ 1/850 23 03 30, 💻 www.visitdublin.com, ✉ DublinTIO@failteireland.ie, Mo-Sa 9:00-17:30, So 10:30-15:00
- Discover Ireland Information Office,14 Upper O'Connell Street, Dublin 1, ☎ 1/605 77 00, 💻 www.visitdublin.com, ✉ DublinTIO@failteireland.ie, Mo-Sa 9:00-17:00

🛏 ✕ Sandymount Hotel, Herbert Road, Sandymount, Dublin 4, ☎ 01/614 20 00, 💻 www.sandymounthotel.ie, ✉ info@sandymounthotel.ie, ÜF EZ u. DZ ab € 89, ganzjährig, Restaurant Line Out Bar So-Do 12:30-21:30, Fr u. Sa 12:30-22:00. Das Hotel verfügt über 187 Zimmer. Wir waren mit der Wahl sehr zufrieden. Rund 400 m entfernt nahe dem Aviva-Stadion fährt Irish Rail von der Lansdowne Road in die Innenstadt oder in Richtung Süden und Norden an der Küste entlang.

Das Gepäck wurde am Abreisetag bis zum Nachmittag in einem abgeschlossenen Raum aufbewahrt. Der Service war immer freundlich und bei Fragen hilfsbereit und das Frühstück war reichhaltig.

✗ The Merry Cobbler Pub, 78-82 Irishtown Road, Dublin 4, ☏ 01/31 37 86, 💻 www.facebook.com/TheMerryCobblerD4, Mo-Do 11:00-23:30, Fr u. Sa 11:00-0:30, So 11:00-23:00. Am ersten Abend aßen wir hier sehr lecker, garniert mit Livemusik. Eine Platzreservierung ist empfehlenswert. Es gibt leckeres Steak, leckeres Bier, gefühlvolle Musik – genau das Richtige für den Abschluss nach dem Wicklow Way.

Wer in Dublin unterwegs ist, wird auf Bus, Straßenbahn oder Bahn zurückgreifen, mit denen die Innenstadt und die Stadtteile gut zu erreichen sind:

- Dublin Bus, 💻 www.dublinbus.ie
- Luas, 💻 www.luas.ie
- Irish Rail, 💻 www.irishrail.ie

Dublin ist die Hauptstadt und größte Stadt Irlands. Sie hat sich in den vergangenen Jahren zu einer modernen Metropole entwickelt, bei der sich die schillernden und noblen Viertel mit 554.554 Einwohnern (Stand: 2016) neben den in einem schlechteren Zustand stehenden Stadtvierteln finden. In Dublin finden eine große Zahl an kulturellen und sportlichen Ereignissen statt. Und wer durch Einkaufsmeilen wie die Grafton Street spaziert oder in die kleinen Gassen lugt, wird neben den üblichen Souvenirs sicher etwas finden, was sich als schöne Erinnerung an Irland eignet.

Dublin entstand aus einer Wikingersiedlung im 10. Jahrhundert, die sich Anfang des 18. Jahrhunderts zur größten Stadt des Königreiches nach London entwickelte. Zahlreiche prachtvolle georgianische Häuser aus jener Zeit können Sie auch heute noch bewundern, wenn Sie durch die Straßen flanieren. Viele Museen, Bauwerke wie Dublin Castle oder das Trinity College oder die große Zahl an Parks wie St. Stephen's Green oder Phoenix Park laden zum Besuch ein. Es lohnt sich immer, an die Wandertour auf dem Wicklow Way noch den einen oder anderen Tag zum Sightseeing in Dublin anzuhängen.

Wir haben uns an den beiden Tagen, die wir in Dublin weilten, die bekannten Höhepunkte angeschaut. Das muss aber nicht sein. Im Kapitel

„Karten, Literatur und GPS“ nenne ich das Buch „Glücksorte mit Dublin“ mit einigen Orten abseits der Touristenströme.

Zum Muss-ich-gesehen-Haben eines Dublin-Besuchs zählt natürlich das Book of Kells in der Bibliothek im Trinity College. Es ist eine reich illustrierte Handschrift aus dem 8. oder 9. Jahrhundert, die die vier Evangelien umfasst. Der genaue Ursprung ist nicht bekannt. Vermutlich wurde das Book of Kells von Mönchen im Kloster Iona auf der Insel Iona vor Schottland angefertigt. Seit dem 17. Jahrhundert ist es im Besitz des Trinity College. Das Originalbuch kann in einer Vitrine geschützt angesehen werden. Sehenswert ist außerdem die alte Bibliothek mit 250.000 Büchern.

⌘ Trinity College, The University of Dublin, College Green, Dublin 2, ☏ 1/896 10 00, 💻 http://www.tcd.ie, 🚪 Mo-Sa 8:30-17, So 9:30-17:00 (Mai-Sep), Mo-Sa 9:30-17:00, So 12:00-16:300 (Okt-April), Eintritt € 11-14, € 28 Familien, Kinder unter 12 Jahre kostenlos. Wenn es zeitlich geplant werden kann, sollten die Tickets vorab online gebucht werden, das verringert an besucherreichen Tagen die Wartezeit. Auf der Website des Trinity College finden sich der nötige Link und auch eine herunterladbare Broschüre (auch in Deutsch).

Das Kilmainham Gaol (☞ siehe 6. Etappe) ist ein ergreifender Ort, um sich die jüngere Geschichte Irlands vor Augen führen zu lassen.

Das Gefängnis Kilmainham Gaol im gleichnamigen Stadtteil kann heutzutage besichtigt werden. Es wurde 1796 errichtet und viele nationalistische Politiker und Rebellenführer fristeten dort ihre Gefangenschaft ab, so wie auch Michael Dwyer oder Eamon de Valera, der 24 Jahre lang Ministerpräsident der Republik Irland war. Viele Anführer des Osteraufstands 1916 wurden im Kilmainham Goal hingerichtet. Die Hinrichtungsstätte ist im Rahmen einer Besichtigung ebenfalls zu sehen.

⌘ Kilmainham Gaol Museum Visitor Centre, Kilmainham Courthouse, Inchicore Road, Kilmainham, Dublin 8, ☏ 1/453 59 84, 💻 www.kilmainhamgaolmuseum.ie, ✉ kilmainhamgaol@opw.ie, 🚪 ganzjährig außer 24.-26. Dez, geöffnet Juni-Aug 9:00-19:00, Okt-März 9:30-17:30, April-Mai u. Sep 9:00-18:00, Eintritt € 8 Erwachsene, € 4 Kinder/Studenten, € 20 Familien, unter 12 Jahre kostenlos. Die Buchung vorab online ist dringend empfohlen, die Führungen finden viertelstündlich auf Englisch statt.

Der Besuch des Kilmainham Gaol Museum lässt sich mit einem Besuch des Guinness Storehouse verbinden, das nicht allzu weit entfernt vom Gefängnis liegt. Die Besichtigung endet im höchsten Stockwerk mit einem fantastischen Ausblick über Dublin.

⌘ Guinness Storehouse, St. James's Gate, Dublin 8,
💻 www.guinness-storehouse.com, ✉ info@guinnessstorehouse.com, 🚪 Juli-Aug 9:30-21:00 (letzter Einlass 19:00), Sep-Juni 9:30-19:00 (letzter Einlass 17:00)

Wer durch eine Einkaufsmeile flanieren will, wird sich in der Grafton Street heimisch fühlen, nicht viel weniger los ist in den Museen Dublins, von denen ich Ihnen das National Museum of Ireland – Archeology ans Herz lege. Präsentiert werden unzählige Schätze aus der irischen Geschichte wie die Brosche von Tara oder das Kreuz von Cong.

⌘ National Museum of Ireland, Kildare Street, Dublin 2, ☎ 1/677 74 44,
💻 www.museum.ie, 🚪 Di-Sa 10:00-17:00, So-Mo 13:00-17:00, Eintritt kostenlos

Natürlich kreuzten auch wir durch das Viertel Temple Bar. Fast wäre ich geneigt, vom Rüdesheim Irlands zu schreiben, aber damit ließe ich dem Vergnügungsviertel Unrecht angedeihen. Temple Bar ist bierseliger. Und die Musik ist besser. Auch wenn dies wie so vieles Geschmackssache ist – genauso wie das Guinness.

Es gibt noch viel mehr zu sehen. Die Kirchen, die kleinen und großen Brücken, die hübschen georgianischen Häuser und natürlich die bunten Haustüren, St Patrick's Cathedral und Christ Church Cathedral, die Chester Beatty Library mit ihren mittelalterlichen Handschriften, der Park St Stephen's Green oder der riesige Phoenix Park. Letztlich haben wir einiges bewundert, aber viel zu wenig gesehen. Nicht nehmen ließen wir uns eine Stippvisite bei Molly Malone, der Fischhändlerin – die als Denkmal stoisch die vielen Besucher erduldet –, und natürlich bei Phil Lynott von Thin Lizzy, dessen Statue etwas abseits steht und auf Menschen wie mich mit einem Musikgeschmack aus einer anderen Zeit wartet.

Zögern Sie also nicht und schließen Sie nach der Wanderung auf dem Wicklow Way noch den einen oder anderen Tag in Dublin an. Dublin ist sehens- und erlebenswert.

Index

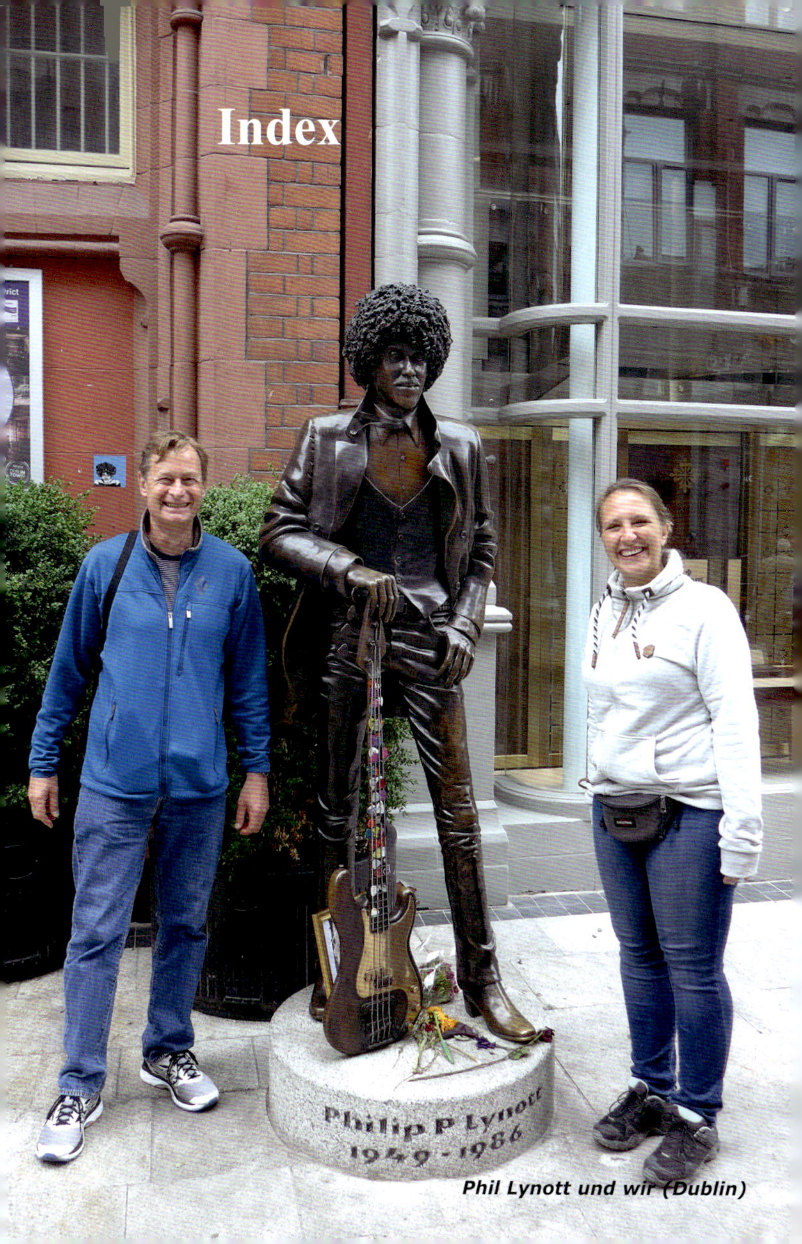

Phil Lynott und wir (Dublin)

A

B

C

D

E

F

G